JN409021

스완 둥지로 날아들다

권 은 혜

우리는 그것을 Billabong 빌라봉이라 부른다

《스완 둥지로 날아들다》

1쇄 찍음 | 2006년 1월 5일
1쇄 펴냄 | 2006년 1월 10일

지은이 | 권은혜
펴낸이 | 김태봉
편 집 | 정종해, 황은진, 김주영
영업팀 | 박상필, 김미란
등 록 | 제5-213호
펴낸곳 | 한솜미디어
주 소 | (우143-200) 서울시 광진구 구의동 243-22
전화 / (02)454-0492, 팩시밀리 (02)454-0493
HomePage: http://hansom.co.kr

값 9,000원
ISBN 89-5959-015-0 03810

스완 둥지로 날아들다

권 은 혜

책머리에

우리에게 있어서 산 넘어 남촌은 희망이고 꿈이었다.

어느 날 먼 바다까지 돛배를 타고 어디론가 떠나보고 싶은 무심한 충동이 현실로 옮겨진 그날부터 그 길은 참으로 멀고 긴 항해였다. 세월은 흘러 물 설고 낯 설은 이곳 남쪽나라 호주 땅에 정착한지 20여 년, 과연 나는 타국인 남촌에서 이상향을 찾았는가. 호주는 정말 지상의 마지막 남은 인류의 낙원이었을까. 우리는 그 낙원에서 천사의 날개를 얻었는가. 그러나 유감스럽게도 그 물음에 속 시원히 "Yes" 라고 대답하긴 어려울지도 모른다. 인간의 능력이 무한대라면 희망 또한 무한대이므로….

하지만 가장 평범한 내가 그만큼 긴 세월을 그 땅에서 무던히 살아 왔다면 호주라는 남촌은 이제 더 이상 전설의 땅이 아니어도 좋은, 누구나 일구어낼 수 있는 여백의 실체라고는 말할 수 있을 것 같다.

우리의 조상은 고려인이다. 고려인에게는 같은 퉁구스 동족인 칭기즈칸 Chinggiz Kkan의 피도 흐르고 있다. 전진, 그리고 전진! 야망의 전진훈(前進訓)을 숱하게 뿌리며 전 세계의 절반 이상을 지배했던, 세계에서 가장 용감했던 민족….

그 정복자의 후예인 우리 한인들이 이제 드넓은 호주 초원에 서 있다. 통상 770만 평방킬로미터로 알려진 호주 대륙, 한국보다 78배 크기에 인구밀도는 세계에서 가장 낮은 나라….

그러한 이 땅에 하루하루 생활에 지친 우리 청소년들을 모두 데려다가 끝없이 이어지는 푸른 초원을 보여주고 또 다시 세계 최고의 꿈을 감당할 수 있는 호연지기를 키워줄 수 있다면 얼마나 좋을까!

우리가 처음 호주에 도착했을 때 우리는 아무런 능력도 없었다.

그러나 7달 반짜리 고아 시몬느를 통해서 슬픔을, 타국 땅에서 질곡 많은 삶을 살아가는 동족들에게서 인생을 배우면서 호주 속에 한국 사람으로 굳건히 설 수 있었음을 여기 고백한다.

나는 여기에서 호주인들의 친절, 겸손, 인내, 예의 또 인류와 자연을 사랑할 줄 아는 친화주의를 보았으며 천혜의 커다란 땅을 우리도 공유하고 싶다는 아쉬움도 가져 보았다. 그런 삶의 감동과 소망들이 부족한 필자에게 펜을 들 수 있는 용기를 준 것 같다. 세계 경제대국으로 알려진 어느 나라의 해외여행자들은 모두 스파이라고 한다. 그들은 어느 곳을 가던 그들이 지나간 자리에서 교훈과 이익을 얻기 위해 철저히 기록을 남긴다는 것이다. 좋은 이야기이다. 나 역시 우리가 지나온 발자국을 공개하면서 혹시 호주라는 미로를 지나가기 위한 실타래가 필요하다면 실 한 오라기 역할은 하고 싶다.

넘어야 할 태산이 있다면 당장 태산을 옮길 수는 없지만
누군가 삽을 들게 되면 연이어 연이어 길은 생긴다기에…

권은혜

Contests

스완 둥지로 날아들다

미르라 숲의 꿈

파랑새는 있다

파랑새는 있다

삶에는 정답이 없다

▶▶▶ FOR PERTH IN AUSTRALIA

스완
둥지로
날아들다

떠나가는 사람들

지짐을 부치고 편육을 고르고 밤을 쳐서
제수장만을 하느라 분주했던 고향 여느 제삿날.

개구쟁이 그 시절에 가슴 설레이며 기다렸던
제삿날 저녁이면 제수음식보다 사실 큰아버지의 귀향이
늘 허기진 우리 어린 시절의 꿈을 한껏 채워주곤 했는데
우리 의식 속에 남아있는 큰아버지는
언제나 외지에 나가 살지만 성공해서 돌아오는
든든한 개선장군이었다.
돌아오실 때마다 전리품처럼 풀어놓는
궤짝 속에 이상한 물건들….

Welcome to
Australia!!

집에 꼭 필요한 크고 작은 못들, 반짝이는 양철 연필통
크고 잘생긴 박하사탕, 고모들이 반기는 향내 나는 가루분통,
그리고 검고 윤기 나는 장각미역, 할머님이 좋아하시는
뱅어포 한 축 등 경이롭게 쏟아지는 요술 상자를 만드는 타향….

제사를 올리고 첫닭이 울기 전에 어스름한 새벽 속으로
휘적휘적 멀어지시던 큰아버지를 동구나무가 서 있는
방아실 언덕까지 따라 나가 아쉬운 눈으로 배웅하던 그때….
타향은 꼭 어른이 되면 만나보고 싶은 당연한 목표였다.
철없던 그 시절로부터 강산이 두어 번 더 바뀌고
나는 결국 그 미지의 꿈을 향해 타향이 아닌
타국 행 비행기에 몸을 싣게 된다.
밤새 어머니의 한숨처럼 소리 없이 낙엽이 쏟아지고
또 쌓여가는 11월이었다.
11월은 이별을 하기에 알맞은 계절이었고
쌀쌀한 아침 공항은 한산하였다.
"가자, 가서 무엇이든지 보고 오자."

당시는 시대적으로 해외여행이 자유롭지 못한 시기였다.
광화문 거리에는 중무장을 한 젊은 전경들이 진을 치고
서서 하루하루를 힘겹게 넘기고 있었다.

WELOM TO AUSTRALIA

AIRPORT FOR AUSTRALIA

우리는 두 아들 손을 잡고 좁은 비상구를 통해
그렇게 조국 땅을 떠났다.
'잘 알려지지 않은 남태평양의 한적한 땅'
'백호주의(白濠主義)라는 단어만 막연하게 떠올리게 하는
어스름한 새벽 같은 대륙'
그러나 그곳이 사실은 힘들어하는 조국보다
더 뛰어넘기 어려운 현실이라는 것을 비행기를 타자마자
서둘러 깨닫게 될 줄을 누가 상상인들 해보았을까.

한 아기가 울고 있었다.
홍콩을 지나온 비행기 안에는 이제 우리 가족 외에는
동양인은 없었다.
그런데 고국이 멀어질수록 그 아기는 점점 더
까무러칠 만큼 필사적으로 울부짖는다.
호주로 입양되어 가는 세 아기들….
첫돌이 채 안되어 보이는 한국 아기들 셋을
처음 기내에서 보고 입양아에 대한 상식이 전무한
우리는 얼마나 소스라치게 놀랬는지….

양어머니 품에 잠들어 있는 두 여아는 비교적 튼실해 보였다.
그런데 키가 큰 호주남자 품에 안겨있는 유난히 작은아기
그 아기의 계속되는 날카로운 울음소리는

처음 비행기를 타본 우리 가족의 설레임이나 긴장 같은 기대에 찬물을 끼얹는 듯 달갑지 않은 실망의 수위를 넘어 따갑고 쓰라린 통증이었다.

기내 대부분의 승객들마저도 애처로운 아기울음 소리에 고개를 떨군 채 반쯤은 눈을 감는 모습들이었고 빠르게 기내를 움직이는 승무원들의 발자국 소리마저도 심장을 두드리듯 쿵쿵 소리를 내는 고통스러운 시간 속에서 호주인 새 아빠는 아기들 달래는 것이 아니라 어쩌지 못하여 심하게 흔드는 것 같았다.

아직 4살이 안된 우리 작은아이와 6살을 갓 넘긴 큰아이도 근심이 되는지 불안한 얼굴로 번갈아 우리를 빤히 쳐다본다.

그 순간 나는 정말 숨이 막혀왔다.

숨이 막혀 죽을 것만 같아서 벌떡 일어났다.

견딜 수가 없어서 허겁지겁 통로를 빠져 나와 그 아기한테로 달려갔다.

무슨 말이든 입을 열면 나 또한 주저앉아 그 아기처럼 소리 내어 울 것만 같아 생소한 호주인에게서 아기를 빼앗아 내 품에 안았다.

낯선 손길을 느낀 그 아기가 눈을 뜨고 나를 바라보는 순간 아기는 짐승 같은 한숨을 토하며 진저리를 치면서 내 목을 아프도록 움켜쥔다.

다시는 놓치지 않으려는 듯 필사적으로 내 가슴에 얼굴을 묻는

그 아기를 보면서 단 몇 시간 만에 우리는 완전히 뿌리째 뽑혀

파 헤쳐진 한 생명의 처절한 몸부림을 보게 된 것이다

그렇게 뿌리를 드러낸 채 떠나가는 사람들….

그 사람들이 낯선 토양 속 깊이 깊이 든든한 새 뿌리를

내릴 때까지 단비는 내려줄까?

미풍은 불어 줄까?

아기는 이내 잠이 들었다.

짙은 속눈썹 아래로 눈물자국이 연꽃처럼 붉게 부풀어 올라

야윈 아기얼굴이 더욱 고단해 보인다.

가느다란 손가락을 곰실거리며 잠 속에서도 한참씩 흑흑 느끼는

아이를 보듬고 내 좌석으로 돌아와 하염없이 바라보고 있는데

호주인 아빠가 다가왔다.

무슨 말이 필요하랴.

비행기 안은 금방 너무도 조용해져 적막감마저 흘렀고

승객들은 너도나도 울 듯한 표정들로 숨소리마저 죽이고 있었다.

생소한 호주인은 목이 메어 말조차 꺼내기 힘들어하더니

나직한 목소리로 수인사를 한다.

"Thank you, thank you so much. I'm so happy to meet you.

My name is John Mckenzie."

그는 일일이 우리가족의 이름과 나이를 묻고
여행지와 여행목적까지도 세세히 알고 싶어 했다.

좁은 통로에 비좁게 비껴선 그와 꽤 오랫동안
이런저런 이야기를 나누었나 보다.
우리는 그가 존이라는 이름을 가진 것과
잠든 아기에게도 〈Simmone〉라는
새 호주 이름을 불러줘야 한다는 것을 알았다.

시몬느에게는 〈Pamela〉라는 새 엄마와 〈Kglie〉라는
큰 언니와 그리고 〈Paul〉과 〈Nigel〉이라는 두 오빠들이
있으며 우리와 같은 도시에서 살게 된다는 것도 알았다.
그의 이야기를 들으면서 솔직히 많이 실망했다.
어차피 입양되는 시몬느라면 아이가 귀한 집안에
외동아이로 애지중지 보호 받으며 자랄 것을 당연히
생각 했었는데….
자기 자식이 여럿이 있음에도 이렇게 먼 나라까지 찾아와
생고생을 해가며 입양을 해가는 존의 의중은 도대체
무엇이란 말이냐! 이해할 수가 없었다.
어떻든 그렇게 해서 입양아의 새 아빠 존과 우리 사이의 생긴
전혀 새로운 감정들, 즉 시몬느를 사이에 두고 갑자기 달아오른
이상한 열기로 한동안 우리가족은 어리둥절한 모습들이었다.

River and Sunset

이제 겨우 일곱 달 반이 되었다는 우리의 핏줄,
늦은 저녁이련만 〈동방 아동복지회〉라는 마크가 선명한
우유병을 입에 물려주어도 싫다고 도리질하는 어린 것을
나는 가슴에 힘껏 끌어안고 다급해진 심정으로 앞으로
우리가 살아가야 할 새로운 도시를 다시 한번 떠올려보았다.

〈피어나는 도시 PERTH〉모교 중앙 도서관에서 읽었던
〈다이제스트〉의 한 구절이었다.
미국의 한 여행자가 쓴 호주 방문기를 읽으며
가장 아름답게 묘사된 퍼스에 대한 몇 구절 때문에
우리의 호주 행은 사실상 급진전 되었다.
사람이란 늘 자기 자신에게 유리한 쪽으로
해석하게 마련이라든가!
유학시험을 끝내고 호주를 향해 떠나긴 떠나야겠는데
생전 처음으로 고국을 떠난다는 것에 대한마음의 부담
때문이었던지 의욕도 없이 이런저런 핑계로 지지부진하게
수속을 끌고 있던 즈음 호주 대사관에서는 시외전화로 여러 번
재촉을 하였다. 그 해 호주 유학생 쿼터는 11명이었다.
가을로 접어들면서 연말 마지막 분기로 마지막 기회라는
대사관측 설명에도 시큰둥하다가 우연히 보게 된
호주의 관한 몇 페이지의 글이 뜻밖에 새로운 열정을 준 것이다

AUSTRALIA MAP
Darwin
Cairns
Broom
NORTHERN TERRITORY
QUEENSLAND
Alice Springs
Brisbane
WESTERN AUSTRALIA
SOUTH AUSTRALIA
NEW SOUTH WALES
Perth
Adelaide
Sydney
VICTORIA
Melblourne
Queensland
TASMANIA

SYDNEY:당신은 여행 경비로 얼마를 준비 했습니까?

MELBOURNE: 당신은 어느 고장에서 태어났으며

학교는 어디까지 다녔습니까?

PERTH: 당신은 여행자군요,

우선 앉아 쉬면서 뭘 좀 드셔야 되겠습니다.

어느 여행자가 호주의 각주를 여행하면서

처음 만난 사람들에게서 얻은 첫 번째 대화였다고 한다.

부자도 아니었고 엘리트도 아닌 우리 가족을 위해

비록 지면을 통해 얻은 내용이지만 Perth라는

도시가 주는 편안함은 그 순간 얼마나 달콤했으랴!

"이 세상에 Perth 만큼 행복한 곳은 없다" 는

그 이름 모를 여행자의 글을 철석 같이 믿고

우리 4가족은 피어나는 행복한 도시를 향해

그 밤에 그렇게 날아가고 있었다.

perth

행복한 도시에는

퍼스에 도착할 때까지 시몬느는 우리 품속에서 잠들어 있었다. 자정이 지난 퍼스공항에서 잠든 시몬느를 존 품에 안겨주고 또 다른 입양아 엄마들과 여러 번 눈물로 이별을 할 때 우리는 모두 정신이 없었다.

"어쩌다 우리는 우리의 핏줄을 낯선 이방인 품에 잠재우게 되었을까!"

후에 우리 아이들마저 그날 시몬느와의 충격적인 만남으로 호주인들이 한국 아기들을 사온다는 사실을 무척 혼란스러워 했으며 자신들에게 관심을 보이는 호주인들에게는 서슴지 않고

"나를 쳐다보지 말고 한국에 가서 아기를 사오라"

라고 말하여 주위 사람들을 당혹하게 하기도 하였다.

그리고 드디어 'Perth'에 첫발을 내디뎠다. 피어나는 도시 'Perth' 는 정말 가장 행복한 낙원일까! 퍼스는 호주대륙의 삼분의 일을 차지하는 넓은 서부호주의 주도이며 태양이 밝아 원색의 아름다운 들꽃으로 유명하고

비가 적게 내리고 수분이 많지 않아 염전이 발달된 곳으로 알려져 있다. 어느 일본인에게 퍼스에서 갖고 싶은 것을 물었더니 '소금과 식초'라고 명쾌히 대답을 하더라고…. 청정바다에서 얻어지는 풍부한 천일염과 작열하는 태양빛의 농익은 각종 과일을 발효하여 만드는 식초는 인간에게 가장 근본적으로 제공되어야 할 순수 비타민이기 때문에 그만큼 가치가 있나 보다.

그리고 12시간 이상 걸렸던 긴 비행을 마치고 새로운 땅에 내린 첫 느낌은 어떠했을까? 그것은 어이없게도 "정말 한국 이외에도 땅이 있구나"하는 단순한 감상이었다.

얼마나 바다를 날아왔는지 잠시였지만 땅이 그리웠던 것이다.

공항에는 예상했던 대로 'Peter'가 나와 있었다. 피터는 대학 'WAIT'에서 우리를 위해 보내준 사람이었다. 피터의 안내로 차에 오른 후 예약되어 있다는 호텔로 달렸다. 자정이 지난 공항로는 어디가 어딘지 도무지 알 수가 없었다. 약 10Km 이상을 달려온 것도 같은데 불빛에 물이 어른거리는 곳도 지났고 차가 많이 다니는 중심가도 달렸다.

도착한 호텔은 중심가에서 그리 멀지 않은 곳에 위치한 오륙 층 높이에 호텔이었는데 말이 호텔이지 우리나라로 치면 규모가 좀 큰 모텔 정도였다. 안내한 피터가 체크인을 해주고 방으로 가방 세 개를 옮겨주고 바로 돌아가자 슬며시 화가 치밀었다.

'우리를 이렇게 초라한 호텔로 데려오다니 혹시 아시안이라고 깔본 것은 아닐까?' 의논 한마디 없이 당연하다는 듯이 곧장 이곳으로 데려온 것이 아무래도 찜찜하였다.

생각해 보자!

내 나라를 떠나면 누구나 애국자가 된다는데 비행기를 타자마자 우리 코리안 몇 명은 비행기 안을 홀딱 뒤집지 않았는가!

비행기를 탈 때부터 시작하여 비행기 안을 무대로 요란스럽게 연속상영으로 내릴 때까지 대한민국의 입양아들을 선전한 셈이었으니 그렇지 않아도 구겨질 때로 구겨진 코리안의 자존심이었다.

입양아들과 헤어진 후에라도 처음 본 피터에게는 시침 뚝 떼고 충분히 뭔가를 보여줄 수도 있었는데 말이다. 그런데 만약 그것이 아니라면 혹시 피터는 이미 우리의 경제사정까지 모두 꿰뚫고 있다는 것일까? 괜스레 이방인으로서 뾰족해지는 자존심인지 자격지심인지 자꾸 예민해지는 감정과는 달리 몸은 너무나 지쳐 있었다.

이미 시간은 새벽을 향하고 있었고 피로가 몰려왔다. 그리고 얼마를 잤는지 쏟아지는 햇살에 눈을 떠보니 날이 환하게 밝아 있었다. 커튼을 열자 창마다 온통 꽃이었고 밝은 태양은 듣던 대로 눈이 부셔 정신이 몽롱할 정도였다. 아침식사를 위해 홀로 내려가서야 우리가 머문 곳이 여행자들을 위한 'New Castle' 거리에 있는 'Youth Hostel' 이라는 것을 알았다. 말하자면 그리 자랑할 것도 또한 부족하거나 섭섭해 할 것도 없는 무난한 숙소였던 것이다. 홀에는 각국의 방랑자 차림에 젊은이들로부터 점잖은 노부부 등에 이르기까지 각양각색의 여행자들이 서로 눈인사를 주고받으며 미소로 화답하는 푸근하고 정겨운 느낌이었고 어린아이들과 함께 한 우리는 단연 시선을 끌었다. 호주에서 처음 먹게 된 아침식사는 질게 구워진 밀기울 빵에 콘후레이크, 훈제 베이컨, 찐 소시지 그리고 친숙한 계란 프라이였다.

식사를 끝내고 방으로 들어온 우리는 그제야 우리가 칫솔 치약도 준비하지 않은 얼치기 여행자라는데 몹시 놀랐고 가져온 것이라고는 당장 필요 없는 은수저 4벌뿐이었다(포크, 나이프만 있으리라는 예상 때문에).

아이들 옷과 장난감만 가득 든 가방을 열어보니 기가 막혔다. 왜 그랬는지 그때는 조금만 여유가 생기면 새로 나온 아이들(그때는 레고 만들기, 각종 로봇, 퍼즐 맞추기 등이 유행) 장난감을 사려고 백화점으로 시장골목으로 누비고 다녔다. 무심한 아이들은 호주까지 끌고 온 그 장난감들을 와르르 쏟아놓고 놀이에 열중이고 정작 어른 둘은 무엇을 어찌해야 할지 몰라 멀뚱멀뚱 서로 바라보기만 할 뿐이었다.

하오가 되자 일단 아이들을 데리고 호텔 밖으로, 바닷가로 나가 보기로 하였다. 마침 토요일이어서 거리는 텅 비어 있었다. 유령의 도시처럼 차들

Signal Lamp

만 다니고 길 양쪽으로 끝없이 늘어선 무성한 야자수 잎들만이 우수수 우리를 반긴다. 그리고 집요하게 달라붙는 파리 떼들…, 방파제 곁에 흩어진 바위들은 흰 소금기로 무늬처럼 얼룩져 있고 극성스런 파리 떼들은 그곳에도 달라 붙어있다. 이제 우리는 부모형제도 없는 낯선 곳에서 바다를 보고 있다. 무리지어 나르는 파리 떼들이 부러울 만큼 외로움이 밀려온다. 배도 고프다. 지금쯤 고향에서는 고사떡을 찌고 있을까? 이맘때쯤에는 할아버지가 시향 차례를 위해 찬바람이 부는 고샅으로 도포자락을 휘날리며 길을 떠나시곤 했는데…. 아무것도 책임지지 않아도 좋았던 유년의 그 시절이 지금 사무치게 그리워진다.

할아버지를 따라 갈 거라고 매달리던 어린 나를 위해 어머니는 잘생긴 무를 골라 채를 치고 팥을 타서 시루 밑에 넉넉히 깔고 향기로운 무시루떡을 쩌주셨는데….

월요일이 되자 피터가 왔다. 피터는 우리가 살만한 아파트를 얻기 위해서는 'Real Estate Agente' 라는 곳을 같이 가야 한다고 하였다. 그곳은 굳이 해석을 하자면 '정당한 평가'라고 하는 호주 복덕방이었다. 그곳에서는 주택매매에서 임대까지 부동산 업무를 취급한다. 호주에 오기 전 대사관에 비치 되어있던 주택안내 책자를 본적이 있는데 바로 그 책들이 일주일에 한번씩 발간되어 무료로 제공되는 부동산 책자였다. 피터가 우리에게는 방 두 개에 가구가 있는 임대 아파트가 필요하다고 복덕방 사무원에게 이야기하자 사무원은 컴퓨터로 관계자료를 찾아서 세를 놓을 아파트 주소와 열쇠를 피터에게 준다. 그러면 피터는 지도책을 보고 찾아가서 우리 모두 함께 아파트를 볼 수 있다는데 길 찾기는 아주 쉽다고 한다. 길마다 길 이름이 있고 주택은 길을 가운데 두고 양쪽에 있고 주택 번지수가 한쪽은 짝수, 또 한쪽은 홀수로 숫자를 주택 앞에 붙여놓아 집을 찾아 헤매는 일은 없다는 설명이다. 지도책은 사전형식으로 되어있어 철자법에 따라 길 이름을 찾고 그 다음 동네 이름을 찾으면 어느 곳이든 찾아갈 수 있단다. 그렇게 해서 우리도 처음으로 피터의 도움을 받아 직접 'UBD'라는 호주 지도책을 보고 우리가 가야할 주소를 찾아보는데 성공을 했다(UBD 지도책은 그때부터 지금까지 변함없이 애용하고 있다).

하지만 피터와 찾아간 아파트들은 모두 마음에 들지 않았다. 아파트 내부는 거의 비슷비슷한데 주변이 외지거나 나무가 많아 으슥해 보이면 겁이 덜컥 나는 것이었다. 뿐만 아니라 아파트 주변에서 어쩌다 험하게 생긴 사람이라도(호주 원주민이었다) 눈에 띄면 무조건 싫다고 고집을 부리는 나를 보고 피터는 난감해 했다. 삼일 내내 그렇게 피터를 애를 먹이며 아파트를 빙빙 돌던 끝에 마침내 한 곳을 결정하였다. 특별히 마음에 들어서가 아니라 지칠 대로 지쳐서였다. 그런대로 밝고 조용해 보이는 곳이었는데 피터는 너무 좋다고 계속 부추겨 올렸다. 그런 피터를 보니 빙그레 웃음이 절로 나왔다. 그때부터 호주사람인 피터가 좋아지기 시작했다.

주말에 이사를 하기로 하였고 우선 한 달치 방값을 'BOND' 라는 보증금으로 또 두 주일 방값은 선불로 지불했다. 그렇게 하여 우리는 사글세가 아닌 삭 주세로 아파트를 얻었는데 우리뿐만 아니라 호주전역이 이 방법으로 셋방을 구하는 것이다. 피터는 매매계약서와 새로 이사 갈 아파트 주소 그리고 열쇠까지 우리에게 건네주고 유스 호스텔로 우리를 데려다 준 것을 끝으로 우리와는 영영 이별이 되고 말았다. 그것은 그 다음날로 피터가 6개월간 외국으로 긴 여행을 떠나기 때문이었다, 우리는 단 며칠이었지만 우리 가까이에서 가장 힘들고 절실한 문제를 함께 해결한 피터와의 이별을 무척 서운해 하였는데 그렇게 피터를 시작으로 우리에게는 수많은 사람들과의 쓰라린 이별이 준비된 안타까운 삶이 기다리고 있었음을 그때는 누가 짐작인들 해볼 수 있었으랴!

The Swan River

스완강가는 perth지역에서 가장 자연 경관이 뛰어난 아름다운 곳이며 스완강과 해안은 수많은 생물과 동물의 서식지이기도 하다.

빅토리아 팍 언덕

'Hampton St Victoria Park W.A'

그날 우리는 한국에 계신 많은 분들께 편지를 써야하므로 생소한 위의 주소를 외는데 필사적이었다.

아파트 이름은 너무나 그럴듯한 '파노라마'였고 이름 그대로 전망도 좋았다. 엘리베이터를 타야 하는 아파트였지만 그때만 해도 한국에는 고층아파트가 보편화되지 않았으므로 아이들은 다행히 아파트 엘리베이터를 좋아했다. 아파트는 한국과 별로 다르지 않았으나 붙박이장이 방마다 공간 활용용으로 잘 갖추어져 있어 간편하고 실용적이었다.

저녁 때가 다가오자 우리는 집에서 식사를 하고 싶어 주방용품을 구입하러 다시 퍼스 시내로 나갔다. 택시로 15분 정도 걸리는 퍼스 시내는 오밀조밀 쇼핑하기에 좋았다. 사실 중심가라고는 하지만 걸어서 사방 한 시간 정도면 시내 어디든지 다 갈 것 같은 거리였다. 한국의 명동만 할까?

Western Australia

perth

백화점에 가서 전기밥솥도 샀고 필요한 몇 가지 주방용품을 더 구입하였다. 또한 '울워스'라고 하는 슈퍼마켓에는 갖가지 과일은 물론 한국 배추도 있었고 오이, 가지 등 야채도 골고루 없는 것이 없어 보였다. 우리는 야채와 과일 그리고 그 동안 음식이 입에 안 맞아 속이 느글거려 소금에 절인 오이피클을 샀다. 진열되어 있는 피클을 보니 개운한 오이지 생각이 나서였다. 그 동안 우리가 먹어 왔던 햄이나 소시지도 슈퍼마켓에서는 놀라울 만큼 쌌다.

사실 유스호스텔에서 보낸 일주일 동안 우리는 상당히 많은 돈을 지출했다. 처음에는 초라한 듯한 호텔로 우리를 안내한 피터에게 섭섭한 마음을 가졌던 것도 사실이었지만 얼마 안 되어 현실을 깨닫게 된 셈이었다.

방 두 개를 각각 얻은 객실 비용도 비용이지만 세 끼니를 아이들과 몽땅 레스토랑에서 해결해야 하는 식비 또한 무시할 수 없었다. 음식 종류를 알 수 없으니 우선 좋아 보이는 음식을 주문해서 입맛에 안 맞으면 남겼고 또 다른 것을 주문하고 하니 언제나 식비는 두 배였다.

특히 호주는 같은 물건, 같은 음식이라도 장소에 따라 값이 엄청나게 차이가 났다. 슈퍼마켓이 제일 싸고 작은 상점일수록 비싸다.

일주일정도 지나자 얼마간 외국생활에 익숙해져 갔고 비싼 값을 치르고 공부했다고 생각하니 짧은 경험들이었지만 호텔생활도 소중한 추억으로 생각된다.

이제 아파트도 얻어 이사했고, 대충 필요한 생활용품도 구입하였고 드디어 홀가분한 심정으로 박물관처럼 고풍스러운 '세인트 죠오지 테라스'와 '헤이스트릿'을 잇는 '런던컷트' 등을 지나 윌리엄 거리까지 걸어 보았다.

마치 그림엽서인양 너무도 깨끗한 도로에 〈Keep Left〉, 〈Keep Clean〉 등 작은 표지판들을 세워놓고 시민의식을 더욱 독려하는 퍼스의 도시풍경이 무척 눈길을 끌었다.

시내는 옛 왕조식 복고풍의 웅장하고 장엄한 건물들과 하늘을 향해 꼿꼿이 서있는 날카로운 현대식 건물들이 묘하게 조화를 이루어 서있어 볼거리가 많았는데 그 아름다운 쇼핑몰 뒤로 빛 고운 저녁노을이 지고 있었다.

편안한 마음으로 아파트로 돌아와 오랜만에 부엌에서 밥을 지어 저녁을 해먹고 나니 어둠이 밀려온다. 이렇게 해서 우리는 호주에 도착한 이후 역사적인 아파트 입주 하루를 마감하고 첫날밤을 보내게 되었다.

밤이 되자 몹시 추웠다. 히터 시설이 안 된 아파트에서 호주에 일교차가 심하다는 걸 처음으로 알았다. 호텔생각이 간절했다.

가져온 가방을 열어 이것저것 뒤져 보았지만 겨울이 없다는 정보만 믿고 겨우살이 준비를 전혀 안 해온 처지이니 덮을 것이 있을 리 만무했다. 할 수 없이 어수룩하고 미련한 부부는 어른침대용 얇은 우리 이불까지 홀랑 벗겨다가 우선 아이들에게 덮어주고는 자신들은 맨몸뚱이로 가져온 여름 옷가지들을 둘둘 말고 잠을 청해 보았다.

그 동안 기다리고 기대해 온 내 집에서의 편안한 잠자리치고는 첫날부터 모양이 말이 아니었다. 그래도 피곤했던지 곧 몸이 더워져서 늦게나마 잠이 들었다.

한참을 자다가 느낌이 이상해서 일어나보니 옆이 비어있다.

거실로 나와 보니 깊은 밤 뿌연 안개에 쌓인 스완강을 남편이 혼자 하염없이 바라보고 있었다.

한동안 기척도 없이 먼 가로등을 바라보던 그가 나직이 말했다

"나는 저 가로등가의 갈매기를 볼 수 있어."

"어머! 그래? 나도 보았는데?"

내 말이 끝나자마자 우리는 손을 잡고 킥킥 한참을 웃었다.

스완강은 퍼스 사람들에게 가장 큰 자랑이었다. 동쪽으로는 거친 인도양의 푸른 파도가 넘실대고 내륙으로는 스완강이 흐르고….

상상해 보라! 백조가 사는 강은 얼마나 신비스러운가!

스완강은 백조뿐만이 아니라 호주 제일의 흑조 서식처이다. 지금 이순간도 내륙 깊숙이 굽이굽이 흐르는 흑조의 강은 보석처럼 아름다운 도시 퍼스를 감싸며 밤새도록 쉬지 않고 흐르고 있다.

'내일은 어린 아들들을 데리고 호수로 나가 물오리 사냥을 지켜봐야지. 그리고 흑조 가족의 멋진 유영을 찬찬히 렌즈에 가득히 담아 보리라…. 지금은 밤이고 수은등 아래서 저렇게 축제의 밤을 보내는 갈매기 떼들을 볼 수 있는 우리는 분명 행복한 거야.'

더 이상 아무 말도 하지 않았지만 특별한 그 밤, 잠 못 들고 깨어있는 두 사람의 두 눈은 똑같이 흐릿하게 젖어 있었다.

KOALA

코알라

주머니쥐 과에 속하는 코알라는 세계에서 유일하게 호주에만 서식하는 희귀동물이다. 유칼리 나뭇잎을 먹고 사는 초식동물로서 몸은 통통하고 귀는 크고 꼬리는 거의 없으며 날카로운 발톱이 있어서 나무를 오르내리는데 편리하게 되어있다. 유대류 동물(주머니가 있는)들인 캥거루, 웜벳 등과 매우 비슷한 종류이며 무게는 대략 작은 암컷 5kg에서 큰 수컷 14kg내외이다. 코알라는 일반적으로 거의 1km에서도 들릴 만큼 아주 시끄러운 소리를 질러 자신을 표현하고 매우 특이한 점은 영장류가 아님에도 불구하고 지문을 가지고 있다는 것이다.

코알라 곰을 찾아서

조금씩이기는 해도 하루하루 이곳 생활에 익숙해져 갔다.

슈퍼마켓에 가서 500g씩 포장된 여러 종류의 쌀을 사다가 밥을 지어본 결과 〈썬 화이트〉란 상표의 쌀이 우리 일반미 쌀 맛과 같다는 것도 알게 되었고 아파트 뒷길로 가면 20분이나 걸리는 마켓타운을 12분이면 갈 수 있는 '*Short-cut'도 알아두었다

하루에 한번씩 오는 우체부를 기다리는 기쁨도 있었고 부쳐숍이라는 정육점에 가서 소뼈를 사다가 국도 끓여 먹어 보았다. 간장, 소금, 빨간 고추가 있어서 배추를 사다가 물김치도 담아 먹을 수 있었다.

시간이 있을 때마다 '**Pet Grooming'을 찾아가서 온갖 종류의 개들이 특성대로 멋을 부려 치장하는 모습을 보는 것도 고국에서 볼 수 없었던 색다른 재미였다.

---

* Short-cut: 지름길

** Pet Grooming: 동물 미용실

12월이 가까워지자 밖은 점차 뜨거워져서 공원마다 스프링클러가 힘차게 물을 뿜고 있었고 식탁 위에 간장을 따라놓으면 금방 졸아들 만큼 기후는 건조했다. 퍼스 기후의 특징은 태양은 뜨거워도 습기가 적어 땀이 흐르지 않으며 나무그늘뿐 아니라 태양만 가리면 어디든 시원했다. 그러나 태양이 밝고 또 그만큼 쾌적한 만큼 노곤한 것 또한 보통이 넘어 힘이 들었다. 마치 고국의 아지랑이 피어오르는 봄날처럼 늘 나른했다

그러는 동안 아이들은 너무 지쳐 보여서 오랜만에 외출 겸 시내로 나가 '세인트 조지테라스'에서 36번 버스를 타고 남 퍼스에 위치한 윈저공원으로 동물원 구경을 가기로 하였다.

호주에 오는 수속 때문에 호주 대사관에 드나들 때 대사관에 걸려있던 액자 속의 커다란 뱀과 코알라 사진이 생각난다.

그때 우리는 코알라 곰을 쳐다보면서,

"호주에 가면 코알라 곰이 무척 많은 모양인데 한 마리 잡아 웅담 좀 먹어 봐야지."

했건만 아직까지 웅담은커녕 코알라나 캥거루를 상면도 못했으니 이번 기회에 사정 좀 알아보자고 의기양양하게 집을 나서서 처음으로 버스에 올랐다. 버스비는 호주 A$ 1이었는데 버스에는 노인 두 분외에 승객이 없었음에도 불구하고 어릿어릿해 하는 우리 가족을 위해 버스운전 기사는 친절히 영수증을 아들 손에 쥐어주며 다시 돌아오려면 영수증을 잃어버리면 안된다고 당부하였다. 나는 즉각 왜냐고 묻고 싶었지만 여러 가지 사정상(?) 후에 차차 알게 되겠지 하는 심정으로 입을 꾹 다물고 잘 알고 있는 척 하고 자리에 앉아 있다가 알려주는 대로 동물원 입구에서 내렸다.

나중에 알고 보니 퍼스 시내버스 영수증에는 시간이 적혀 있어서 2시간 이내에는 그 버스표만 제출하면 공짜로 다시 타고 올 수 있는 제도였다.

윈저공원 동물원 매표소는 그야말로 썰렁하였다. 마침 평일이라서 그런지 우리 외에는 오전 관람객은 거의 없는 듯했다.

매표소 직원이 실업자냐고 물었다. 잠깐 생각해보니 우리는 실업자임이 틀림없었다. '그렇다'는 말을 하기도 전에 반값도 안 되는 요금 입장표가 튀어 나왔다. 고맙다기보다는 어리둥절한 기분이었다. 이렇게 할인되는 친절들은 오늘이 난생 처음이라 좀 정리가 필요할 듯한데….

어쨌든 내친김에 구경이나 우선 하자고 들어서는 순간 아, '이곳은 동물원이 아니라 식물원이군'하는 느낌이었다. 이름도 모르는 종(種)의 나무들이 저마다 특이한 잎들을 빽빽이 드리우고 하늘을 향해 치솟아 있어서 이곳이 정말 죽어가는 사람도 살릴 수 있다는 지중해에 위치해 있구나 하는 것을 실감하였다. 이상한 목소리로 지저귀는 특이한 새들과 나무들의 정기, 그리고 오히려 조용한 동물들은 이국적인 정치를 넘어 차라리 감동적인 자연의 화합 바로 그것이었다.

호주는 독립된 대륙이라서 대부분의 동식물들은 이곳 자연 여건에 맞추어서 다른 대륙과는 다르게 독특한 진화를 해왔다고 한다.

그 학설을 뒷받침하듯 세계적인 희귀종인 유대류, 단공류에 속하는 캥거루, 주머니쥐, 웜뱃, 코알라 곰, 포섬, 렙테일(피가 차갑고 껍질이 딱딱한) 앨리게이터, 민물악어 크로커다일, 악어거북, 거북이, 자라 등등 없는 것이 없다.

좀더 눈길을 끄는 것은 조류 종류인데 지능이 매우 높은 앵무새 종류가

Perth동물원은 1898년에 사자 2마리, 호랑이 및 회원 6명으로 처음 개원한 이래 현재는 새 종류는 물론 전세계 희귀동물가족 1,500마리 이상을 보유한 큰 동물원이며 다른 동물원과는 달리 1년 365일 연중무휴로 개방한다.

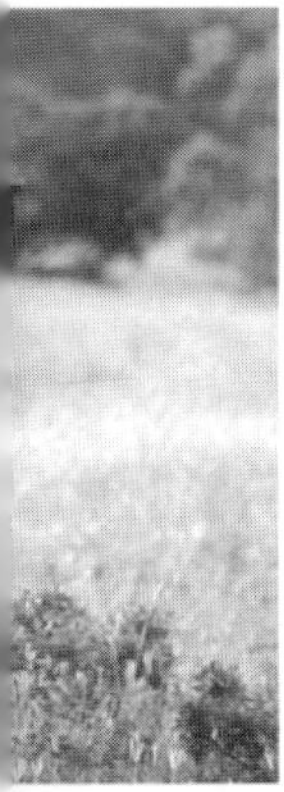

많았으며 무지개 색보다도 더 다양한 그 새들은 아름다운 색을 서로 뽐내며 나뭇가지에 앉아 철조망 너머로 우리의 거동을 찬찬히 살펴보고 있었다.

쉼 없이 뛰어다니며 즐거워하는 두 아이들을 친절한 관리인이 불러 안내하여 데려다가 그림에서 많이 보았던 코알라 곰을 안겨주었다. 드디어 코알라 곰을 처음 보게 된 것이다. 직접 만져도 보고, 어미 등에 업혀 졸고 있는 아기 코알라 곰을 보니 틀림없이 살아있는 장난감이다. 그런데 더 놀라운 것은 코알라 곰이 사실은 곰 종류가 아니라는 관리인의 설명!

순간, 일그러지는 우리들의 표정, 산산이 부서지는 꿈이여!

결국 웅담의 꿈은 산산조각이 나버렸다.

그날 오후 웅담에 대한 기대도 깨졌고 주머니에 소중히 넣어두었던 버스표도 2시간이 지나 쓸 데 없어져 버렸고 이래저래 허전한 기분에 아예 마음을 더 비워 보자 작정하고 맨발로 다니는 호주인들처럼 우리 가족도 처음으로 신발을 벗어 손에 들고 인도양으로 빠져드는 낙조의 신비함을 거듭 감탄하면서 맨발로 맨손으로 편안히 집으로 돌아왔다. 그러나 집에 들어서자마자 걸려온 전화는 그리 편안한 소식이 못 되었다.

존의 목소리로 전해지는 시몬느의 소식은 시몬느의 양 엄마 파밀라의 남동생이 퀸즐랜드에서 급사하여 이제 겨우 파밀라의 품을 찾는 시몬느는 얼토당토않은 양 아저씨 장례식에 참석하기 위해 퀸즐랜 행에 탑승하게 된다는 내용이었다. 우리는 유난히 까다로운 시몬느가 슬픈 장례식에 불청객으로 참석하게 되어 미운 눈총이나 받지 않을까 그 소식에 안절부절 어찌할 바를 몰랐다.

존은 시몬느를 데려온 이번 여행으로 지독한 독감을 얻어 앓으면서 회복이 안 되어 지금까지 직장을 쉬고 있는 중이었다.

며칠 전에 존은 우리에게 전화를 하여 시몬느가 울 때마다 "재쟁 재쟁"하는데 무슨 뜻이냐고 물어 밤이면 우리를 잠 못 이루게 하더니 시몬느와 헤어진 그 이후 우리 가족 모두 어느 하루인들 시몬느를 잊을 수가 있었을까! 시몬느 또한 긴긴 밤을 한국말로 "자장자장" 재워줄 그 손길이 그리워 어린 가슴을 얼마나 태우며 울었을까!

그런 저런 생각을 하면 하루에도 몇 번씩 마음이 무거웠다.

일곱 달 반짜리 어린 아기가 그토록 사무치게 그리워하는 고향은 도대체 어디란 말인가!

우리는 생각다 못해 파밀라가 친정 상가를 다녀올 때까지 시몬느를 돌보게 해달라고 부탁하였다.

그러나 파밀라는 허락하지 않았다. 이 세상 누구보다도 시몬느를 사랑한다는 대답뿐이었다. 우리는 파밀라를 믿기로 하였다. 아니 믿을 수밖에 별다른 도리도 없었다.

그 밤, 겨우 우리 어른 손바닥만한 어미 등을 믿고 세상모른 채 어미 등에 업혀 졸고 있던 윈저동물원의 아기 코알라의 천진한 모습이 왜 그리 자꾸자꾸 떠오르든지….

SimmOne
we are
family
sister
welcom

파란 눈의 가족들

토박이 호주인이며 입양아 시몬느 아빠이기도 한 존을 다시 만나게 된 것은 우리가 아파트로 이사를 한지 한 달이 좀 넘어서였다.

매일 호주인들과 부딪치는 생활이지만 같이 사는 것은 아니니까 직접적으로 그들의 생활이 궁금하여도 들여다 볼 수는 없는 형편이고 보니 존과의 만남은 은근히 기대하던 바람이었다.

그 동안 밤마다 불어오는 바람은 지독하리만큼 집요해서 전깃줄은 산짐승 울음소리를 냈고 잔가지들은 "아랑, 아랑" 새벽을 재촉하는 몸부림으로 잠을 설치던 즈음에 같은 아파트에 혼자 사는 8호실 말리사 호주 할머니는 우리가 드나드는 저녁시간만 되면 현관문을 살짝 열고 빠끔히 우리의 거동을 눈 여겨 보다가 눈이 마주치면 후다닥 안으로 들어가곤 하기를 여러 날이었는데 어제 저녁에는 노크 소리가 나서 나가보니 놀랍게도 술이 얼큰하게 취한 할머니가 현관문에 서 계신 것이 아닌가?

"나를 말리사라고 불러요. 혹시 우유나 주스가 떨어지면 걱정 말고 8호실로 나를 찾아오라고 이렇게 찾아 왔다우!"

우리에게 말 좀 붙여볼라고 술까지 마실 필요야…. 참 내!

"땡큐, 땡큐!"를 연발하고 가만히 생각하니 할머니도 측은하다. 동양이라는 먼 곳에서 어찌어찌하여 어린 새끼들까지 데리고 만리타국까지 흘러들어와 살고 있는, 종자가 다른 우리가 할머니한테는 신기하고 측은하게 보였는지 모르지만 말이다.

'도대체 이놈의 도시는 친근감이 없단 말야. 저녁 9시가 되기도 전에 잠드는 도시는 퍼스 밖에 없을 거야.'

낮에도 길에서 사람 구경하기가 어려운 판에 저녁만 되면 모두 불을 끄고 자는지 누웠는지 조용하니 밤도 길고 바람소리만 자꾸 들릴 수밖에….

'늦게 잠이 들면 새벽바람 소리는 잊을 수 있을 텐데….'

'혼자 사는 저 말리사 할머니는 얼마나 밤이 더 길까!'

이튿날 오랜만에 사람에 대한 기대로 존이 오라고 알려준 공원으로 차를 몰았다. 처음 보는 파밀라(시몬느 양어머니)는 어떤 여자일까?드디어 존은 독감이 완치되어 직장에 다닐 수 있게 된 걸까? 시몬느는 좀 컸을까? 모든 것이 궁금하여 쏜살같이 공원을 향해 달렸다

멀지 않은 곳이었지만 시내를 벗어나자 검츄리 나무가 가로수로 무성한 안정된 분위기에 도로도 나오고 자전거 길이 따로 마련된 산책로를 지나 끝없이 푸른 잔디 위로 스프링클러가 시원하게 물을 뿜는 공원으로 들어섰다.

대체 이 넓은 대지를 이처럼 아름답게 가꾼 호주인들의 조상은 어떤 사

람들이었을까? 막연히 호주의 조상은 죄수들이라고 알고 있는 것과는 달리 서부호주 사람들은 영국에서 새 식민지였던 호주로 부임한 James 대령은 동부와는 다르게 선량한 근로자들만으로도 충분히 퍼스를 이끌어냈다고 자신 있게 말을 한다.

여하튼 지역마다 가지고 있는 이 크고 작은 공원 또 공원 끝없이 이어지는 쭉쭉 뻗은 도로들 곳곳에 넘쳐나는 공공 시설물들은 우리가 늘 갈증을 느낄 수밖에 없는 귀한 사회 간접자본들을 이들은 부럽도록 많이 공유하고 있다. 아! 우리 역사에도 해상을 주름잡던 장보고의 시절이 있었는데…. 삼별초를 두고 바다를 다스렸던 그 호연지기가 조금만 더 남쪽을 향해 눈을 돌려서 광활한 이 신대륙을 발견했더라면….

주차장에 차를 세워놓고 부질없는 공상으로 머뭇거리는 사이에 멀리서 파밀라가 우리를 먼저 알아보고 다가온다. 언제나 조그만 동양인 일가족은 눈에 띄게 마련인가 보다. 가까이 온 파밀라 품에 안겨있는 시몬느의 서늘한 눈이 우리를 보고 있다. 그녀의 더 야윈 듯한 얼굴이 아프게 가슴을 후빈다.

그러나 우선은 파밀라와 가족에 대한 인사가 우리의 도리겠지.

모두의 뜨거운 환영 인사와 포옹을 끝낸 뒤 파밀라가 크리켓 구장을 가리킨다.

존이다! 흰색에 녹색 줄무늬를 넣은 남방과 흰 바지를 똑같이 입고 경기를 하는 어린 소년들 그리고 그 틈에서 똑같은 복장으로 정신없이 심판을 보고 있는 키가 큰 어른,

'참, 아름답다.'

그 이상의 표현이 필요 없었다.

마치 아침저녁으로 개를 데리고 산책시켜 주는 것이 개 주인의 의무인 것처럼 호주는 주말이면 아이들을 스포츠클럽으로 데려가서 운동을 시키는 것이 호주 아빠들의 의무라고 한다. 축구, 럭비, 크리켓, 테니스 등 여러 스포츠를 통해 단체생활에 중요성을 배우며 건강한 성인으로 키우는 것이 또한 훌륭한 호주 시민으로 성장시키는 것으로 알기에 아이들도 아빠도 모두 열심이다.

잔디밭 한편에서는 관람객 모양을 갖춘 부모들이 한 무리지어 간이의자들을 펴놓고 열심히 아이들을 응원한다.

우리도 그곳에 일부가 되어 자리를 잡고 앉아서 시몬느를 안아 보려 했더니 얼른 아이는 파밀라 어깨로 얼굴을 묻어버린다.

'벌써 이 아이는 우리를 잊었구나!'

좀 섭섭해도 다행이다.

존도 많이 여위었다.

존의 막내아들 나졸이라는 6학년짜리 개구쟁이 소년이 경기를 끝내고 돌아와 우리아이들을 향해 씩 웃는다. 자신의 새 여동생을 닮은 종족들에게 보낸 첫 번째 친절이다.

"크리켓을 잘 하세요?"

호기심 어린 눈으로 묻는다.

"한국엔 아직 크리켓이라는 스포츠는 없다"는 대답에 의외라는 듯이 어깨를 으쓱해 보인다.

우리 역시 끝도 없이 넓은 잔디 위에서 하필이면 〈사방치기〉같은 작은 그림을 그려놓고 닥지닥지 붙어서 던지고 받는 크리켓이 답답해 보이고 마음에 안 들기는 마찬가지다.

간단한 샌드위치로 점심을 대신하고 오후에는 존을 따라 시몬느가 사는 존의 집으로 자리를 옮기기로 했다.

우리는 시몬느가 어떤 집에서 어떤 환경에서 자라고 있는지 몹시 궁금하던 참이어서 내심 기뻤다. 공원에서의 만남은 짧은 시간이었지만 파밀라를 만나보니 존보다 더 섬세하고 다정한 성격이어서 안심이 되었고 마음에 들었는데 존의 집에 들어서는 순간 우리는 우리가 예상했던 그 이상으로 주부로서의 파밀라는 완벽한 여성이라는 것을 확인할 수 있었다.

정원 한옆에 파밀라가 가꾸는 식물원을 보자 우리는 입이 딱 벌어졌다. 저녁 해를 받아 영롱한 무지개 빛을 뿜으며 안개비처럼 촉촉히 얕은 스프링클러에서 흩뿌리는 물보라를 맞고 있는 유리식물원이었다. 그 안에는 전문원예가도 갖기 어려운 진기한 식물들이 가득히 있었는데 모두 키가 크지 않는 작은 종만으로 아기자기하게 꾸며진 수준 높은 작품 전시회장 같았다. 정원에는 사자보다 키가 크고 치렁치렁한 털이 길어 눈이 잘 안 보이지만 늠름하고 복실복실한 Briard종 개가 버티고 있었고, 털이 짧고 귀와 주둥이 그리고 발과 꼬리 부분만 새카만 Sianese종 고양이도 있었는데 너무 집안 분위기와 잘 어울려 파밀라는 예술적 감각을 갖춘 주부 같아 보였다.

처음 만난 큰딸 카알리는 대학에 갓 입학한 신입생이었는데 딱하게도 언청이 수술을 한 자국을 가지고 있었다. 어쩐지 우울한 느낌을 주는 그 아가씨가 고등학생으로서는 좀 야한 느낌을 주는 큰 아들 폴과는 달리 괜시리 신경이 쓰이고 영 언짢은 기분이었다. 그때 내가 느낀 그 기분은 후에 시몬느가 자라면서 언니와 힘들게 부딪치게 되는 장벽으로 우리에게 전해졌을 때 확실히 깨닫게 된 불길한 예감이었다.

우리의 두 녀석들은 나졸과 함께 수영장에서 개구리헤엄을 치며 정신없이 놀고 우리는 서양식 당구장으로 인도되어 호주식 당구를 배웠다. 양풍당구는 사방으로 Pockets이 달린 테이블에서 히로를 쏘아 히로를 제외한 볼들을 포켓 안으로 넣는 방식으로 그리 어려운 오락은 아니라고 한다(Pool : 미국식, Snooker : 영국식).

시몬느는 자주 찡찡거려 당구에 열중하던 존이 돌아보며,

"What is the matter, what is the matter with you?"

하던 억양이 그때 하도 귀에 익어 그 단어는 우리가 호주에 살면서 가장 많이 쓰는 문장이 되어 버렸다.

"무슨 문제야? 무슨 문제지?"

시몬느는 혼자 자기를 싫어하고 또 우유를 싫어해서 많이 야위었다는데 이제 아이스크림을 좋아하는 것을 알아냈으니 곧 좋아질 것이라고 잔뜩 기대들을 하고 있었다. 파밀라는 저녁 식사로는 밥이 우리의 주식이라는 것을 알아서 밥을 해 놓았는데 살짝 데친 쌀을 건져놓은 상태여서 그 밥을 보니 먹을 일이 근심이었다. 궁여지책으로 고기와 생선 야채 등으로 잔뜩 뱃속을 채운 뒤 그 밥을 먹었다. 그렇지 않으면 배가 아플 것 같아서였다. 눈치 빠른 파밀라가 그걸 모를 리 없었다. 즉시 다음 주말에는 우리 아파트를 방문해도 괜찮겠느냐고 물어왔다. 한국식 밥이 궁금해서였다.

일주일 후 나는 한국요리를 이것저것 준비하였고 파밀라 역시 처음 먹어보는 끈적끈적한 한국식 밥에 충분히 놀라는 눈치였다. 그것은 서양에

서 인기 있는〈오리엔탈 후드〉라고 불리는 동양식 요리에 나오는 Fried rice 는 모두 〈알랑미〉로 훌훌 날아가게 생긴 끈기 없는 쌀이 애용되기 때문이다.

어쨌든 한번씩 요리로 서로 충격을 주고받고는 죽이 잘 맞는 친구가 되어 두 가족은 이런저런 정담이 끝이 없었다.

그것은 파밀라가 특히 시몬느 조국에 대해 관심이 많았고 궁금한 것이 많았기 때문이었다. 파밀라의 소망은 어떻게 하든 시몬느를 훌륭한 한국의 딸로 키우는 것이었다.

그러나 존은 달랐다. 시몬느를 호주 방식으로 호주시민으로 키우길 원했다. 이제는 파란 눈의 가족이 되어 하루하루 자라고 있는 시몬느….

앞으로 시몬느는 어떤 삶을 살게 될까?

THE

처음 학교에 가다

초여름의 따가운 태양은 이미 중천에 걸려있었다. 마치 백야를 지내는 듯 온 세상이 조용하고 나른하기만 한 퍼스의 11월이다. 그날은 큰 아이를 초등학교에 처음 입학시키기 위해 온 가족이 공립학교 교장실을 방문하기로 한 날이었다. 타국 교육현장에 그야말로 이방인으로서 첫발을 내딛는다는 설레임과 기대로 학교 교문을 들어서자 철없는 아이는 앞으로 학교생활의 아무런 근심도 없는 천진한 표정으로 학교를 둘러보고는 질문을 퍼붇는다.

"아빠, 여기가 학교야?"

"여기서도 운동회 할 수 있어?"

아무리 살펴봐도 커다란 운동장이 없는 학교가 이상한 듯 고개를 갸웃거린다.

"글쎄…. 운동장은 좀 작지만 곳곳에 잔디밭은 많네."

우리에게 익숙한 커다란 운동장도 긴 학교교사도 여긴 없다. 어떤 것이 본관교사인지 알 수 없을 만큼 나지막하고 단층인 비슷비슷한 교사들이 겹쳐져 있어서 교장실을 찾는 것도 쉽지가 않았다. 물어 물어 겨우 찾은 교장실은 일반사무실 곁에 딸려있는 깊숙하고 작아 보이는 초라한 곳이었다. 알고 보니 이곳은 *Infant 교사들이 있는 곳으로 오후 3시까지 어린아이들이 긴 시간 동안 단체생활을 즐기려면 도서실, 음악실, 미술실, 체육실 등 부대 건물이 많이 필요하여 작은 건물들이 많다고 한다. 이런저런 설명을 사무원으로부터 듣고 교장을 만나기 위해 대기실 의자에 잠깐 앉아있는

* Infant : 저학년, 유치원부터 초등학교 1~3학년

데 드디어 교장실 문이 열리며 희한한 차림의 남자가 함박웃음을 터트리며 다가와 악수를 청한다. 손은 학부모인 아빠와 악수를 하고 있지만 그의 눈은 우리 큰아이를 보면서 즐겁게 웃는다.

"내가 교장이요."

"???"

브론즈 턱수염에 뒤덮인 그 교장은 분명히 어른인데 짧은 남방에 짧은 바지에 무릎 아래까지 오는 흰 반 스타킹을 얌전히 접어 신은 꼭 뽀뽀뽀의 나오는 뽀식이 아저씨 같다. 교장은 아이의 생년월일과 주소, 연락처, 전화번호 등을 직접 입학 서류에 적어넣고는 "끝!"이라고 한다. 애써 공증을 해 간 호적이나 여권도 필요 없이 간단히 입학절차가 끝난 셈이다. 교장은 새 학생과 우리 가족을 위해 학교에 이곳저곳으로 안내해 주겠다고 제의했다.

"고맙다"고 인사를 하고 친절한 교장 뒤를 따라 나서는 우리는 왠지 공원 나뭇가지에 잘못 걸려있는 고무풍선처럼 둥둥 떠 있는 기분이었다. 이제 겨우 10시밖에 되지 않았는데 태양은 한낮처럼 더욱 이글거리고 있었고, 파란 눈의 교장은 새 학생의 교육은 걱정 말라며 다정하고 친절하게 한참을 교사는 물론 놀이터까지 세심하게 설명 해주며 진지한 표정인데 그러면 그럴수록 우리는 그 교장의 친절이 더욱 신경 쓰이고 부담이 되어 괴롭고 송구했다. 항상 권위적이고 근엄한 교장선생님만 보아온 탓이었는지 노란 털북숭이 교장이 신고 있는 옥양목처럼 흰 반 스타킹과 수정처럼 맑은 에메랄드빛 두 눈을 가진 그의 안정된 모습은 오히려 아이를 타국으로 데려온 부모 가슴을 더욱 미안하고 죄송스럽게 하였다.

〈1 B〉 베이커 선생님이 가르친다는 1학년 교실을 얼핏 차창 밖으로 넘겨다본 우리는 소스라치게 놀랐다. 내가 그토록 겁을 냈던 검은 피부의 아이들이 대여섯 명, 노랗지도 검지도 않은 아이들이 서너 명, 얼굴은 흰데 머리는 검은 아이들이 몇 명, 그리고 백인 아이들이 10여명, 조각 카펫 위에 모두들 둘러앉아 무엇인가 열심히 듣고 있는 듯한데 눈을 비비고 다시 보아도 백호주의라고 알려진 호주는 거기에 없었다.

'미국을 인종전시장 같다고 한다더니.' 정말 놀라웠다.

아빠도 상당히 실망하는 눈치였다. 교장의 노크 소리를 듣고 베이커 선생님이 나와 인사를 나누고 교장과 헤어지고 아이가 교실로 안내되어 들어갈 때까지 우리는 그저 멍하니 서 있을 뿐이었다. 교실에서는 베이커 선생님이 신입생이라고 학생들에게 인사를 시키자 한 검은 여학생이 나와 신입생 손을 잡아끌었다. 순간 아이는 그 여자아이의 손을 확 뿌리치는가 싶더니 울음이 터지고 차창밖에 있는 우리와 시선이 부딪쳤다.

"아빠, 나 싫어."

비명을 지르고 달려 나오는 아이를 베이커 선생님이 황급히 쫓아 나와 붙잡는 것과 동시에 우리는 밖을 향해 정신없이 달렸다.

'아직도 아이는 울고 있을까?' 짧은 시간이었지만 그 순간의 일들이 마치 영화자막처럼 자꾸 겹쳐 떠오른다. 종일 학교 근처 공원 벤치에 앉아 보낸 길고도 지루한 오후였다. 어쩌다 우리가 여기까지 와서 파란 눈의 선생님께 아들의 교육을 맡기게 되었는지…. 그러나 여전히 믿어야 할 사람은 호주인 선생님뿐이라는 현실이 안타까웠다.

"아빠." 다가앉는 둘째의 작은 손에서도 땀이 촉촉이 배어있다. 그 소동을 다 보고 겪고 행여 엄마 아빠와 떨어질까 손을 꼭 잡는 어린것은 저도 학교에 보내질까 겁이 나는 눈치이다. 그렇게 3시까지 초조히 기다리다가 학교로 갔다. 예상했던 대로 아들의 얼굴은 걸레처럼 구겨져 있었다. 아이는 아무 말도 하지 않았다. 다음날부터 교장의 말대로 큰 아이는 오전에는 특별 선생님에게 보내져 영어를 따로 배우고 오후부터는 수업이 끝날 때까지 자기 반으로 보내져 단체생활에 적응시키는 이른바 이민자 프로그램에 참여하게 되었는데 우리로서는 A, B, C도 모르는 아들을 수수방관만 할 뿐이었다. 그렇게 한 주일을 지낸 금요일 오후 나는 아이가 친구들과 재잘거리며 교문을 나서는 모습이 보고 싶어 좀 일찍 학교로 가서 멀리서 나오는 녀석을 지켜보기로 하였다. 아이들이 하나둘 밖으로 나오고 끝으로 우리 아이가 보이자 아이들은 기다렸다가 우리 아이에게 뭐라고 인사를 하는 듯했다. 그런데 아이는 계속 그 아이들을 노려보면서 "렐, 렐, 렐. 레" 하면서 악을 쓰는 것이 아닌가! 나는 놀랍고 부끄럽고 화가 나서 집으로 돌아와 무조건 아이를 때려 주고 말았다. 큰소리로 울지도 못할 만큼 아이는 변해 있었고 필사적으로 매달리는 작은 녀석과 셋이서 부둥켜안고 한없이 울었다.

그때 나는 그것이 그렇게 엄청난 문화적인 충격인줄은 정말 몰랐다. 고국을 떠나오면서 앞으로 살아가야 할 외국이 무슨 의미인지 어떤 생활인지 전혀 모른 채 아무런 마음의 준비도 안 된 어린아이와 어느 정도 서양문화를 알고 짐작하고 각오하고 왔던 우리 어른들이 어떻게 같을 수 있었겠는가! 그때는 왜 우리는 그런 것을 미처 생각 못했는지….

대부분의 사람들은 아이들은 어리기 때문에 다른 문화를 무조건 받아들일 수 있다고 믿고 있다. 물론 문화적인 충격을 모든 어린이들이 겪는 것은

다문화 축제

아니다. 그러나 어린 나이일수록 인격형성의 골격을 갖추어 가는 중요한 시기라는 것을 잊어서는 안 될 것 같다. 겉으로 나타나지 않는 충격도 충격이다. 문화 충격의 후유증은 생각보다 중증이므로 한참 후에 나타날 수도 있다는 것을 미리 계산에 넣어 신중히 지켜보며 교육시키는 것이 현명할 것이다. 지금 생각해봐도 무지한 부모 손에 무조건 자신들의 의지와는 아무 상관없는 길을 그렇게 무작정 끌려와서 무척 힘이 들었을 우리 아들들에게 정말 미안하다.

그날 저녁 집으로 돌아온 아빠가 자초지종을 다 듣고는 즉시 아이들과 영어를 같이 시작하면서 다음 주에는 틀림없이 우리 아들이 학교에 가서 선생님 칭찬도 많이 듣고 친구들과 인사도 잘할 것이라는 끝없는 부추김으로 아이는 어려운 학교생활에 한고비를 넘기고 있었다. 그렇게 Infant 1학년을 시작으로 6학년 초등학교 전 과정을 모두 마칠 때까지 4번이나 학교를 옮겨야 했던 큰 아이의 고단한 타국생활은 빼놓을 수 없는 우리 가족사의 가장 가슴 아픈 한 페이지가 되고 말았다.

"호주의 교육제도"

호주에서의 정규교육은 유치원부터 시작된다. 한국의 유아원에 해당하는 Pre-school(학교 전)에서 협동심, 사회성 등을 배우기도 하지만 가족이 많거나 엄마가 집에서 가사를 돌보는 가정에서는 굳이 프리 스쿨의 필요성이 강조되지 않는다.

유치원은 킨디 가튼(Kinder Gaten)이라고 부르며 Primary(프라메리)라는 초등학교에서 시작된다. 취학 연령은 한국과 똑같이 만 4세에서 5세이지만 호주의 회계연도는 7월 1일부터 6월 30일까지 이므로 7월 1일을 기준으로 원하는 학교에 등록하면 된다. 보통 초등학교 전 과정에 등록하려면 출생증명서를 요구하지만 여권 등으로도 해결된다. 임시 체류자의 경우 가족이 1년 이상 거주할 수 있는 비자이면 공립학교에도 입학이 허용되지만 비자기간이 짧은 경우 사립학교나 가톨릭스쿨을 찾아 상담해 보는 것을 권한다.

일단 초등학교 과정은 외국인에 대해 Language School 의 과정을 요구

하지 않으므로 입학하면 영주 거주자가 아니더라도 학업을 계속할 수 있다. 초등학교는 유치원과 6년 전과정을 합쳐 7개 학년이 있는 셈이며 유치원과 1, 2 학년을 다시 Infant (저학년)로 구별하여 좀더 세밀한 관리를 받는다. 학교에 따라서는 아예 저학년 교사를 따로 지어 운영하는 곳도 있다.

중·고등학교는 High School (하이스쿨) 이라고 부르며 중학교 1학년은 7학년, 12학년은 고등학교 3학년에 해당된다. 특이한 점은 10학년 과정을 마치면 School(중등과정 자격시험)을 거쳐 곧바로 사회에 나갈 수 있으므로 10학년은 매우 중요하다.

그러나 학업을 계속 하려면 11학년으로 진학하여 12학년에는 (High School Certificate) 고등학교 졸업시험에 합격해야 하고 그 이후 Technical And Further Education의 일부 과정이나University (대학교)에 진학한다.

신학기는 2월초에 시작하여 12월에 끝나며 4학기제이다. 따라서 방학

도 4번 있다.

수업은 유치원에서부터 하이스쿨 12학년까지 아침 8시 30분에서 9시까지 일제히 시작하여 유치원은 2시 30분에 그 외 모든 학년은 오후 3시에서 3시 30분 안에 똑같이 수업을 마치게 된다. 이곳 학교들은 한국과는 달리 오전수업이나 보충수업, 단축수업 등이 전혀 없고 몸이 아프다든지 어쩔 수 없는 상황에는 학적부에 기록된 부모나 Guardian(법적인보호자), 또는 Home Doctor(가정의. 주치의)와 긴밀히 연락하여 허락을 받은 후에 안전하게 조치된다.

토요일, 일요일, 또한 공휴일이나 방학 동안에는 학교에 가지 않으며 방학기간 동안에는 직업을 가진 부모들을 위해 각종 프로그램이 마련되어 학생들이 참여할 수 있도록 도움을 준다. 12살 미만의 어린이들을 보호자 없이 집에 두는 것은 불법이기 때문이다.

초등학교부터 고등학생들에게는 의무교육이 실시되므로 공립학교에서는 등록금이 면제되며 스쿨버스나 일반버스 등 각종 통학에 필요한 철도. 선박 등의 대중 교통수단들도 무료이다. 그러나 각 가정에서는 학업에 대한 성취도, 교육의 이념 등이 각 학교마다 다를 수 있으므로 대학을 제외한 하이스쿨까지는 학교에 따라 학생과 학부모의 의지대로 학비를 내는 사립 학교도 선택할 수 있다.

공립학교는 다시 Local(지역공립)과 Selective(선발고교. 특수고교)로 분류되며 모두 전액 정부보조로 학비가 면제된다. 사립학교는 크게 가톨릭스쿨(모든 종교포함) 과 일반사립 학교로 다시 나누어 볼 수 있으며 가톨릭스쿨은 가톨릭재단과 정부보조 등으로 학교마다 학비가 조금씩 다르며 보통 50%~80%까지 학비 부담을 갖게 된다. 일반 사립학교는 약간의 정부보조와 Donation(기부금) 및 학부모에 의한 학비로 학교가 운영되므로 학비가 비싼 편으로 A$ 12,000(약 천만 원) 정도가 일년에 소요되는 것으로 알려져 있다

호주 교민들의 경우 유학생들은 70%이상이 사립학교에 다니며 30% 정도가 공립과 가톨릭스쿨을 선택한다. 그것은 유학생들에게는 공립이나 사립에 구별 없이 학비가 비슷하기 때문이다.

반대로 이민자 자녀들의 경우는 70%가 공립학교에, 30%는 가톨릭이나 일반 사립을 택하고 있다.

여기서 특이한 사항은 공립학교 중에 특수공립 또는 선발고교로 불리는 Selective에 교민자녀들이 많이 다니고 있다. 이 학교는 N.S.W주 소수의 명문 고교로 우수한 학생들의 하이스쿨 입학을 원칙으로 선발시험을 거쳐서 (6학년 때) 합격해야만 입학할 수 있다. 유학생들은 지원할 수 없으

며 매년 경쟁이 치열하여 특수고교를 보내기 위한 시드니의 과외 열기도 높아 심지어는 초등학교 1학년 때부터 과외지도를 받게 하는 등 과열경쟁 및 과도한 과외비 지출 등으로 새로운 사회문제로 지적되고 있다.

또한 대학의 경우는 앞서 설명한 〈TAFE College〉와 〈University〉로 나눌 수 있는데 전자는 직업에 관계된 고급기술의 습득, 전문기술 및 전공기술이 필요한 학과와 컴퓨터, 공업, 토목, 패션디자인, 요리, 전기 등 다양한 학과훈련과정이 있으며 대부분의 학과는 약간의 등록금과 교과서 대금 등이 필요하다. University에서도 학부과정에 드는 비용 및 학생회비, 일반 사무처리비 등 TAFE와 비슷하게 잡부금이 소요되며 유학생의 경우는 등록금을 포함한 일체의 비용이 자비부담이 되므로 매우 학비가 비싸다고 할 수 있다.

이상이 대체적인 호주의 교육제도이며 마지막으로 기초교육이라고 할 수 있는 초등학교 학교생활에 대해 좀더 자세히 정리해 보는 것으로 장을 마감한다.

일반적으로 초등학교에서는 학과목 외에 요일마다 특별활동을 지정하여 도서 열람, 컴퓨터, 외국어, 과학실습 등 학습을 습득하기도하고 JYM, 댄스, 연극, 음악, 스포츠 등 과외활동으로 능동적인 학교생활을 유도한다. 그러나 이에 소요되는 비용이나 준비물들은 전혀 없고 교과서, 노트, 연필, 그림물감 등도 학교비품을 이용한다. 학생들의 책가방 안에는 오직 도시락 통뿐이며 간혹 비옷이 들어 있기도 하다.

그밖에 어린 학생들에게 필요한 치과 서비스 제도가 있어 정기적으로 학교를 방문하여 치과건강을 돕고 있고, New, South, Wales 내에 수돗

물에는 치아에 좋은 불소를 넣어 어린이들은 물론 국민 구강건강증진에 크게 도움을 주고 있다. 또한 아침식사를 거르는 어린이들을 위한 Cereal(곡류)과 우유 먹기 캠페인도 벌려 건강한 식습관을 갖도록 유도한다.

단체생활로는 한 학기에 몇 명씩 학교 밖에서 캠핑이나 견학을 하도록 하여 견문을 넓히고 사회생활에 중요성을 강조하며 운동회, 발표회, 기념일 등을 정하여 학부모와 학생이 함께 참여할 수 있는 기회를 제공하고 학교와의 긴밀한 유대를 갖게 한다.

학습평가는 매년 주정부에서 실시하는 Basic Skills Test(기초 학습평가) 외에 각 대학이나 단체에서 우수학생 선발고사를 치르고 있지만(수학, 영어) 의무적이지는 않다.

학교 내에서 실시되는 평가시험 결과는 비공개를 원칙으로 단지 학생들을 지도하는데 참고로 할 뿐 학생들을 평가하는 데는 이용하지 않는다.

어린 학생들을 오랜 시간 집에서 공부를 강요하는 것도 불법이며 가정학습 지도요령은 학과별로 가정통신문을 통해 전달된다. 학년별로 저학년의 경우30분에서 1시간 정도 집에서 학습을 할 수 있는 시간이며 6학년은 2시간 이내에 공부를 끝마치기를 권유한다.

방학 동안에는 일체의 숙제가 없으며 여행 등을 통해서 폭넓은 사회경험을 기대한다. 따라서 여행은 언제든지 학습의 연장으로 간주되어 학교 수업 일수의 관계없이 자유로울 수가 있다.

또 학교생활 중에 빼놓을 수 없는 즐거움이 점심시간이다. 학생들은 보통 아침 10시 30분에서 11시까지 Morning Tea(Lunch Time)이며 비스킷, 컵케이크, 스낵종류, 주스, 과일 등을 먹으며 잠시 휴식을 갖는다.

점심은 오후 12시 30분에서 1시 30분까지이며 샌드위치 스낵종류, 과일 등을 먹는다.

학교 측에서는 학교사정에 따라 도시락을 싸오지 못한 학생들을 위한 Canteen(매점)을 운영하기도 하는데 문방구용품은 필요 없어 오직 Hot Food와 파이, 소시지, 샌드위치, 우유, 주스, 아이스크림 등 극히 제한적인 품목만 학부모들이 직접 참여해서 만들거나 팔며 학교 측에서는 전기, 수도, 비품 등을 제공하여 저렴한 가격에 영양가 있는 점심을 제공한다. 학교에 따라 2~3일 혹은 5일 내내 매점을 운영하는 등 자율적이다.

보통 하이스쿨(중등과정)은 한국의 대학생활과 비슷하다. 교양과목과 필수과목을 고루 신청하여 공부하며 성장기에 소년, 소녀들이기에 특히 스포츠가 강조되고, 과외활동도 범위가 넓고 다양해진다. 대학 또한 자유가 보장되지만 학점관리가 철저하지 않으면 절대로 진급하지 못한다. 따라서 일찍부터 탈락자가 많지만 Part Time 제도를 함께 이용할 수 있어 학업에 정진할 수 있는 기회를 제공하고 있으며 기초 교육부터 성인교육에 이르기까지 국가적인 책임과 배려로 최상의 교육환경을 유지하기 위해 노력하고 있다.

참고: www.iasc.com.hk/edu_sys.htm

www.acs.edu.au/21century

HOLY
BIBLE

독이 있었대요

비가 오기 전 골목마다 거리는 온통 *유도화의 물결이었다.

선홍빛 그리고 흰꽃이 어쩌면 그리도 다소곳해 보이는지…. 그러나 이제는 때가 되어 낙화로 지는 꽃, 비바람에 떨어져 빗물에 휩쓸려 흩어져가는 유도화 꽃잎들처럼 내게도 떨구어내야 할 비릿한 기억이 있다. 기억이란 언제나 야속한 것이어서 잊고 싶어도 영원히 잊혀지지 않는 상처가 있는가 하면 너무나 아름답고 벅찬 감동이어서 부디 오래도록 두고두고 간직해야지 하면 이상하게도 그런 뜨거움은 금방 식어 버리고 만다.

내가 호주에서 유도화를 만난 것은 고국을 떠난 지 며칠 되지 않은 날이었다.

---

* 유도화(협죽도): 분홍색 혹은 흰색 / 크기: 2~3m / 용도: 관상용, 약용(풀 전체) / 꽃 말: 위험, 심각한 우정 / 특징: 잎의 모양이 매우 깔끔 단정하며 광택이 있어 관상용으로 인기가 높다. 정원수로 많이 심어 여름내 꽃을 피우는데 예쁜 꽃만큼 강한 독이 있으므로 주의해야 한다. 잎을 물고 다니는 습관조차도 매우 위험하다. 옛날에는 즙을 짜서 사약으로 사용하기도 하였다.

이 땅에서도 낯익은 꽃을 볼 수 있다는 것이 마냥 고마웠고 대견할 때였다.

몇 살이었을까! 아직 초등학교도 입학하기 전에 하루는 정말 길었다. 뒤란을 돌아가면 복사나무가 있었고 복사나무 옆에는 돼지 막이 있고 돼지 막 옆에는 허술한 헛간…, 대략 그런 것들이 전형적인 농촌 모습이기도 했을 것이다. 그때 그 헛간 가득 콩깍지랑 묵은 짚단이랑 두루 성글게 쌓아올린 틈새를 비집고 들어앉아 사금파리를 늘어놓고 진종일 놀아도 해는 여전히 한낮 들일 나가신 어른들을 기다리다 잠이 들면 긴 저녁 해그림자가 얼굴 깊숙이 간지럼을 태워 퍼뜩 놀라서 깨어나 바라보던 바로 그 은근한 햇살을 놀랍게도 타국에서 다시 만난 것이다. 간지러울 만큼 황홀해진 태양이 서쪽 하늘에 걸려 우리 아이들 머리 위를 붉게 물들일 때면 나는 밖으로 나가 아파트 뜰 앞에 흐드러지게 피어있는 유두화 나무 밑에 앉아 아름답게 마지막 빛을 태우며 사라져 가는 노을을 바라보는 것이 좋았다.

그날도 변함없이 잔디위로 나가 선홍빛 꽃을 가득 피운 유도화 나무를 보니 아침에 지나간 Lon-Mower(잔디 깎는 기계)에 받힌 듯한 꽃나무 몇 가지가 꺾여 애처롭게 흩려져 있지 않은가! 잘 다듬어진 잔디 위를 뛰어놀던 아이들이 그 꽃가지들을 주워 들고 흔들고 쫓아가고 이리 저리 한참을 뛰어 놀고 있을 때였다.

"끼이익!"

길 저쪽에서 차가 급정거하는 소리와 함께 순식간에 어떤 부인이 차에서 내려 우리에게로 다가와 아이들을 가리키며 다급하게 무엇이라고 소리치는데 도통 알아들을 수가 있어야지….

아이들도 뛰던 걸음을 멈추고 말쑥하게 차려 입은 그 부인의 빠른 말에 주눅이 들어 멍하니 바라보고 머쓱한 표정을 짓는다. 나는 문득, 그 부인이 우리 아이들이 꽃을 꺾은 줄로 오해하는가 싶어 무슨 말이든 변명을 해야 한다고 생각했지만 호주 사람들만 보면 당황하여 입이 안 떨어질 때니 어찌하랴. 멍청히 바라만 보는 우리를 보고 그 부인은 천천히 또박또박 다시 한번 주의를 주는 듯한 좀 누그러진 표정을 보이자 용기를 내어나는 "No,I Didn't Do It" 하고 외쳐보았다. 순간, 그 부인은 완강하게 부정하는 듯한 내 표정을 보자.

놀라 입을 다물지 못하는 것이었다. '옳지, 무슨 말인지 알았구나.'이때다 싶어 나는 이번에는 아예 단단히 화난 표정까지 지어 보였다. 그러자 부인의 눈이 점점 커지는가 싶더니 휙, 고개를 돌려 유도화 나무를 한번 힐끗 바라보고는 재빠르게 나무 앞으로 달려가 사정없이 꽃가지를 뚝, 뚝 꺾는 것이 아닌가! 우리는 모두 미친 듯한 그녀 행동의 공포를 느꼈다. 꽃 가지를 꺾어 가지고 돌아온 부인이 공포에 질린 우리의 표정을 보자 이번에는 갑자기 힘없이 고개를 흔든다. 그때서야 그녀는 우리가 전혀 영어를 못 알아듣는다는 것을 알아차린 모양이었다. 절망적인 목소리로 "포이션", "포이…션!", "포이션" 만을 외친다. 안타까운 듯한 그녀의 눈이 아이 둘을 번갈아 바라보다가 결국은 휘적휘적 돌아갔고 나는 골똘히 생각에 잠겼다 포지션이란 단어를 쓴걸 보면 유도화 나무가 여기서는 대단한 보호종인가 풀지 못할 의문으로 원망스럽게 재빨리 버려졌던 꽃가지들을 흘겨보면서 터벅터벅 집으로 들어왔다. 황당하였다. 장래에 대한 막연한 절망감과 불안함이 전신을 휘감았다. 아이들만 없다면 "엉!엉!" 소리 내어 울고 싶었다.

PSALMS 22, 23, 24
PSALM 23
PSALM 24
PSALM 25

노신(魯迅)이 쓴 《아큐정전》의 충격적인 내용이 떠올라 온몸에 소름이 돋았다.

'아! 지금 나에게도 호주사람 누군가가 와서 나를 죽이겠다고 동의서에 동그마니 사인이나 하라고 들이댄다면 나 역시 그 내용을 전혀 알아듣지 못하므로 아무것도 모른 채 사인이나 덜컥 해주고 죽어야 하지 않겠는가.'

> 희망이란 본래 있다고도 할 수 없고 없다고도 할 수 없다. 그것은 마치 땅 위의 길과 같은 것이다. 본래 땅 위에는 길이 없었다. 걸어가는 사람이 많아지면 그것이 곧 길이 되는 것이다.
>
> \- 노신(魯迅)의 <고향>중에서 -

아! 외할머니 품에서 들었던 6.25 때 끔직한 살인사건 이야기도 생각이 난다. 여름이 되어 할머니와 안마당에 모깃불을 피우는 저녁이 되면 나는 신이 났었다. 불 위에 금방 베어온 날 쑥대를 듬뿍 얹어 모락모락 매운 연기로 모기들을 모두 쫓아내고 나면 허름한 평상은 모깃불이 사그라질 때까지 할머니와 나의 호젓한 이야기 왕궁이 되었으니까 6.25 시절, 그때 그 잔인한 여름의 시작에서 3년을 맨몸으로 살아낸 할머니 시대의 그 많은 이야기들 중에는 어느 깊고 깊은 산중마을에 혼인 이야기도 있었다. 그 이야기의 시작은 전쟁도 한풀 꺾인 막바지 무렵에 청년들은 모두 전쟁터로 나가 동네마다 남자가 귀해지자 절름발이 노총각이 때를 만나 늦장가를 가는 이야기였는데 혼인잔치가 모두 끝나고 내일이면 신랑이 신부를 데리고 마을을 떠나가기 전날 신랑을 달아매는 풍습에 따라 한바탕 요란스럽게 신랑을 달아 매던 중이었다는 것이다. 때는 전쟁 중, 마침 지나가던 미군이 그 모습을 보고 사유를 물으니 산중에 영어가 통할 리 없어 서로 경직되어 눈치만 보니 미군은 사태가 심각한 줄 알고 신랑을 가리키며 중죄인이냐고 물었다고 하는데 그날에 주인공은 그 신랑이 틀림없으니 말뜻도 모르고 동네사람들은 모두 한결같이 고개를 끄덕, 끄덕…, 미군은 바로 신랑을 뒷산으로 끌고 가 즉시 총살을 시켜 버렸다는 믿기지 않는 이야기였다. 전쟁 중 야화이니 당연히 우스개로 알아들었지 누가 믿었으랴!

그러나 이런 경우를 내가 직접 당하고 보니 그럴 수도 있었겠다는 안타까운 마음이 더욱 나를 초라하게 만든다. 그날 저녁 남편이 돌아와 장황한 그 이야기를 다 듣자 갑자기 컥컥거리며 뒤로 자빠진다. 나는 그가 왜 웃는 것인지 궁금했다. 심각한 나를 의식해서인지 "미안해", "미안해"를 연발하면서도 계속 웃는다. 그의 표정으로 봐서는 큰 사건은 아닌 듯하지만 왜 그 부인은 포지션이라는 말을 했을까? 하고 내가 물으니 남편이 말한다.

"포이슨이라고 했을 거야. 그 꽃에는 경계해야 할 독이 있는 게 아닐까? 아이들이 그 꽃을 들고 있었다며? 그 여자는 그것을 알려주고 싶었을 테고…."

아하! 그런 것 같다.

틀림없이 그랬을 것 같다. 꽃에 독이 있다는 생각은 꿈에도 안 해봤으니 안 꺾었다고만 말하고 싶어 하는 우리 앞에 꽃을 꺾는 것은 아무것도 아니라는 듯 뚝뚝 꽃가지를 꺾었을 그녀는 또 얼마나 답답했을까! 후에 꽃이 아닌 나무와 잎에 치명적인 독이 있다는 것을 알게 되었다. 나는 나름대로 그 의문을 풀기 위해 어른들께 유도화 나무에 대해 질문을 해보았다. 어른들 말씀은 독이 있는지는 정확히 모르겠지만 보통 야외로 소풍을 갈 경우 나무젓가락 대신 어느 나뭇가지나 잘라 사용할 수 있지만 유도화 나뭇가지로는 사용을 안 한다고 한다. 이유는 그 나무로 젓가락을 사용하면 배가 아프다는 것이다. 그렇다면 거의 검증이 된 셈 아닌가! 그 이후 나는 내가 알고 있는 짧은 영어나 일반상식을 내 마음속에서 고집스럽게 확인하고 싶어 하는 오만부터 버리지 않으면 영어를 배우기는커녕 앞으로 살아가는데도 상당히 어렵겠다는 어떤 결론을 얻었다.

왜, 나는 '포이슨'을 꼭 '포지션'으로 들으려고 고집했을까?

그 부인이 정확히 '포이슨'이라고 했는지도 사실은 확인해 볼 길도 없지만….

그러나 그 사실을 깨닫게 되면서부터 솔직히 고백하자면 나는 더욱 더 영어의 주눅이 들려 자신감을 잃어갔고 그나마 알던 기초회화조차도 더듬거릴 만큼 빛을 잃었던 것을 생각하면 그때 고마웠던 그 부인을 곡해한 미안한 값은 톡톡히 치른 셈이 아닐까?

surprise

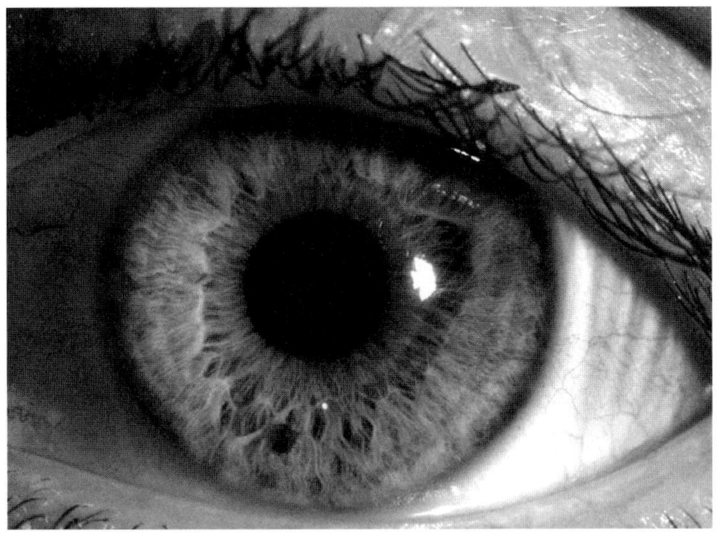

놀라지는 말아요

8층 아래층에 있는 쓰레기장에는 쓰레기통마다 허술하게 비어 있다. 이곳 아파트 사람들은 매일 무엇을 해먹고 살아가는지….

오전 내내 나는 Chinese Cabbage라고 부르는 우리나라 배추와 똑같은 통배추를 서너 통 사다가 다듬어서 김치를 담갔다. 단 몇 시간 만에 야채 부스러기로 쓰레기는 한 봉지 가득이다. 일주일 내내 먹고 살아도 쓰레기 한 봉지 나올까 말까 한 이들의 생활과 참 많이 비교된다. 사분의 일 쪽으로 손질된 호박 한 덩이, 감자 두 알을 삶아 버터에 섞어 으깨어놓고 낱개 포장된 스테이크 한쪽 구워서 상추 한입 곁들이면 훌륭한 저녁식사가 되는 이곳 사람들에게는 쓰레기 양이 적은만큼 주부의 수고 또한 적을 듯하다.

거실이 딸린 방 두 개짜리 고층 아파트인 우리가 사는 아파트에는 아파트 전용 수영장까지 있는데 세탁장은 없다. 아래층에 있는 전용 세탁소에 가서 한 주일에 한번씩 동전을 넣고 세탁을 하거나 집으로 세탁물을 수거

surprise

하여 세탁 후 배달까지 해주는 세탁 서비스를 신청해서 간편하게 살라는 모양이다. 그래서 이들은 대부분 맞벌이 생활을 하게 마련인 모양이다. 아니면, 맞벌이 부부로 살다보니 생활습관이 변화된 것인지….

확실하게 그네들과는 다른 부엌일과 빨래(?)를 끝내고 그네들과는 더욱 다른 쓰레기들을 꼭꼭 여며서 몇 번이나 잘 묶였나를 확인하면서 쓰레기통에 던져 넣고는 나도 여유롭게 어린 아들 손을 잡고 오후 산책길에 나섰다.

하늘은 맑고 눈이 부시다.

'여름이 깊었구나'하는 새삼스런 계절에 감각을 깨닫자 문득 불에 데인 듯 고국의 겨울이 그립다.

첫눈이 오는 계절 싸락눈이라도 싸락, 싸락 내리는 날이면 할머니는 봉창을 열고,

"아이구, 저기 저 눈 쌀 좀 봐라. 푸짐하기도 하시지."

하시며 감탄을 하시던 그리운 음성이 곧 들려올 것만 같다.

당신 소싯적에 배고프셨던 아픔을 늘 한으로 간직하신 듯 곡식에 남다른 애착을 보이셨던 할머님은 인절미를 만들고 콩가루라도 조금 남을라치면 행여 버리게 될세라 밥알에 꼭꼭 묻혀 참참이 내 입에 넣어 주시곤 하셨었다.

아이를 데리고 길을 가던 도중 공사장 주변에서 뜻밖에 콩가루 같은 흙무덤을 보게 되니 놀랍고 반가워 얼른 할머님 생각이 떠오른 것이다.

"퍼스의 땅속은 콩가루 공장인가 봐.

파고파고 또 파도 콩가루가 나오네~."

surprise

아이가 "까르르~" 웃어 제친다.

믿을 수 없을 만큼 공사장 인부들이 파놓은 흙은 콩가루를 닮아 있었다. 갓 볶아서 빻아 놓은 콩가루처럼 노랗고 까실하니 맛이 있어 보였다.

"만져볼까?"

아이가 얼른 주저앉아 한 움큼 콩가루를 집어 올린다. '스르~르' 고사리 같은 주먹 사이로 흘러내리는 노란 흙은 금방 방아에서 찧어올린 가루처럼 볕에 익어 따뜻하다.

이상한 나라이다.

어째서 흙이 이렇게 샛노랄까?

어째서 흙이 저렇듯 돌돌할까?

길옆 풀숲에서는 무심히 폭염을 노래하는 매미소리가 애처롭다.

소리 나는 풀섶을 따라가 매미를 찾으니,

"에게, 이 녀석은 도망갈 줄도 모른다."

"그런데 매미는 또 왜 이리 작담?"

잡혀온 매미는 정확하게 왕파리 보다 클까 말까였다.

신이 난 아이가 정신없이 풀섶 매미를 찾아 길을 따라 달음질친다.

나도 아이를 따라 달린다.

한참을 달려 길 끝 모퉁이에 다다를 때였다.

모퉁이 집 낮은 담장에 기대어 어떤 할머니가 서 있지 않은가.

마치 우리를 기다리고 계셨던 듯 할머니는 고개를 끄덕이신다.

'아!…아! 할머니.'

우리도 몹시 놀랬지만 그 할머니의 표정은 금방이라도 눈물이 흘러 내

surprise

릴 듯 너무도 침통해 보였고 지팡이에 의지한 손은 계속 떨고 계셨다.

"한국 할머니세요?"

하고 더듬더듬 인사를 드리자 할머니는 흠칫 놀라시더니,

"응, 응, 그래요" 하시며 끝내 울음을 터뜨리신다.

너무 놀랍다. 이렇게 외로운 땅에 연세 많으신 할머님이 사신다니….

할머님이 진정되신 뒤 나는 차근차근 할머니가 궁금하게 생각하시는 질문들의 대답을 드렸다. 할머님도 놀라시며 바로 우리 옆 아파트에 아들 며느리와 함께 살고 계시노라 말씀하셨다.

"아! 그토록 찾던 내 민족이 바로 옆 아파트에 살고 있다니…."

호주에 온지 한 달이 다 되도록 우리는 그 사실도 모르고 쓸쓸히 살아온 터였다. 할머님은 나의 그런 아쉬운 표정을 보고 힘없이 덧붙이신다.

"애기엄마, 오늘 저녁 내 아들이 찾아갈 거요. 그런데, 그런데…. 놀라지는 말아요, 내 아들은 좀 다르다우."

어느 성스러운 결혼식에 모든 神들이 초대받았지만 불화의 여신만은 초대받을 수가 없었다. 이에 격분한 불화의 여신 에리스는 황금사과 하나를 좌중을 향해 던졌는데 그 사과에는 〈가장 아름다운 여신에게〉라고 적혀 있었다. 아름다운 여신들 셋은 황금사과가 서로 자기 것이라고 다투기 시작하였고 결국 편이 갈라지고 불화가 일어 저 유명한 트로이 전쟁의 원인이 되었다.

그날 저녁 집에 와서 남편에게 할머니의 그이야기를 전하자 할머님 아들에 관한 궁금증이 우리에게도 문제가 되었다.

에리스의 황금사과는 즉각 우리식탁에서도 불화의 메뉴가 되어 버린 것

이다. 마치 선문답처럼 던져진 〈좀 다르다〉는 해답을 찾기 위해 우리도 심각하게 고민을 시작한 것이다. 남편은 그 문제를 들고 온 나를 원망하기 시작하였고 나는 당시 분명하게 뭐가 다른지 다시 한번 할머님께 여쭈었지만 "놀라지만 않으면 된다"고 하신 할머님 말씀을 검토해 보는 수밖에는 다른 방도가 없었다.

도대체 다르다는 것이 무슨 뜻인지.

바로 옆 동에 살고 있다는 동족이 한없이 궁금하면서도 할머니 말씀이 마음에 걸려 저녁도 먹는 둥 마는 둥 안절부절이었다. 생각하고 고민하다 지친 남편이 할머니 말씀대로 놀라지만 않으면 된다고 다시 한번 결론을 내렸다.

"놀라지 말자."

그 결론은 일시적으로는 우리 모두를 안심시켰지만 남편의 얼굴은 자꾸 더 창백해져 갔다.

한참 시간이 흐른 후 "똑, 똑, 똑" 드디어 조심스럽게 노크 소리가 났다. 우리는 식탁에 맥없이 앉아 있다가 눌려있던 스프링처럼 동시에 발딱! 튕겨져 일어나 서로를 쳐다보았다. 재빨리 거실에서 잘 놀고 있는 아이들을 아이들 방으로 종이처럼 구겨 넣은 후 방문을 "쾅!" 닫고 그 쾅 소리에 놀라 조급하게 마른기침을 '큼큼'하고는 살며시 문을 열었다.

문을 연 순간, 우리는 동시에 "휴우" 한숨을 내 쉬었다.

할머니 아들은 사람이었기 때문이었다.

뭐랄까? 사람은 사람인데 말하자면 키가 큰 흑인 혼혈이었다. 물론 그런 사람과 이제껏 마주 해 본적은 없다. 하지만 충분히 짐작이 가는 흔한 이야기들 아닌가!

더구나 동행한 할머니 며느리는 예쁜 한국의 평범한 아낙이었다. '강호남' 이라고 자신을 소개한 Mr.강은 전쟁동이 1952년생이었다.

그 밤, 멋쩍은 고민에서 드디어 해방된 터라 그 만족감에 감격하여 미스터 강을 향한 환영의 열기는 뜨거웠다. 영문을 모르는 미스터 강은 눈치 없이 환하게 반겨주는 우리가 마냥 고마워서 커다란 체구에 걸맞은 "핫, 핫, 핫…." 호탕한 웃음을 끊이지 않는다.

좀 아쉬운 것은 미스터 강 내외는 〈여호와의 증인〉이라는 종교를 가지고 있어서 결혼한지는 오래되었지만 아이가 없다는 점이었다. 그 종교에는 아이를 낳지 않은 여성의 복부를 특별히 축복한다는 내용이 있다는 것이다.

호주체류 역시 그 종교단체에서 초청을 해주어 몇 년 전에 입국하여 호주시민권을 얻음으로써 어머니를 모셔다 함께 살고 있다고 한다.

"이봐요, 6.25 알아요? 전쟁은 사람을 죽이고 땅이나 뺏는 단순한 게임이 아니었단 말이요. 수많은 사람들이 죽었지만 나같이 원치 않는 사람도 출생시켰단 말이요. 내 어머니는 분명히 한국인이요. 나는 그 어머니에 의해 한국에서 태어났소. 그러나 말해 보시오. 내가 한국인인지? 나도 희여지고 싶었소, 어떤 방법이든 무엇을 해서든 당신들처럼 희고 싶었단 말이요. 희게만 해준다면, 희게만 해 준다면…. 난 아마 내 영혼이라도 팔았을 거요."

"……."

"그래도 손가락질 받으며 자란 어린 시절은 참을만 했어. 나는 중앙대

농구부 소속이었소. 그때는 내가 어디에 속할 수 있어서 참 행복했소. 오히려 학교를 다 졸업하니까 갑자기 할 것이 없어져 버립디다. 어른이 될 수록 중증의 장애자가 되어 버리는 기막힌 현실이 점점 무서워 나는 내가 살아온 나라를 버리고 도망쳐 온 거요."

…

"나는 우리가 사는 사회를 거대한 기계로 보고 있소. 아무리 작고 단순한 나사못 하나라도 기계 속에서 같이 돌아가면 없어서는 안 될 소중한 부품이 되는 거요. 이곳에 와서 청소를 하든 노동을 하든 일자리가 있으면 행복한 줄 알라구!"

아프고 고통스러웠던 그의 과거를 다 듣고, 감탄하고…, 우리는 그를 향해 헤픈 웃음을 좀 많이 흘리기는 했지만 상처를 간직한 미스터 강이 오히려 더욱 든든해 보여 시간이 꽤 지났어도 피곤하지가 않았다. 아니, 기대하지도 않았던 엄청난 에너지가 전달된 까닭인지 그들 내외가 돌아가자 갑자기 우리는 배가 고파 허겁지겁 음식을 찾았다.

"김치든, 고추장이든 이렇게라도 먹을 것이 있으면 감사한 줄 알라구! 호주에 왔으니 꼭 스테이크를 먹어야 한다는 법은 없는거라구!"

마침 아침 일찍 심심하게 버무려 놓은 김치가 하루 종일 뜨끈한 열풍에 맛이 들어 있었다.

마주앉아 밤참을 먹기에는 알맞은 시간이었다.

surprise

Peninsula Car Park
Rialto Square
Pharmacy
... will save you money
SOUVENIR T. SHIRTS
Lotteries
ALCOHOL FREE ZONE

퍼스의 교민들

점차 시간이 흘러가는 동안 우리는 퍼스에서 정착을 할 것인가에 대해 심각하게 생각해 보기로 하였다.

퍼스에도 여러 학교가 있고 주위 환경도 좋아서 우리가 살기에는 부족함이 없었다. 더구나 남편은 성격이 보수적인 탓에 이미 정착한 곳에 대해 긍정적이고 깊은 애정을 갖게 되어 당연히 시드니로 떠날 것으로 믿고 있는 내 생각이 과연 맞는 것인지 불투명해진 것이다.

가장 기본적인 문제가 논의되자 남편은 갑자기 전화번호부 책을 찾아 Kim, Lee 등 한국 성을 찾더니 분명히 교민들이 있을 것이라고 버튼을 누른다. 이곳에서 살고 있는 교민들을 만나보고 난 후에 좀더 신중히 검토해 보자는 생각이었다. 예상했던 대로 첫 시도에서 교민과의 연결이 이루어졌다. 이런저런 인사 끝에 혹시〈지 장로님〉을 아느냐고 묻자 그 쪽에서는 금방 지 장로님 댁 전화번호를 알려 준다.

PASTA
Licensed

우리가 호주로 떠나올 때 모교 교수님은 시드니를 권하셨다. 하지만 호주를 더 멀리 돌아보고 싶다는 마음으로 퍼스 쪽을 택하였을 때 교수님은 퍼스에서 활동하고 계신 지 장로님 말씀을 하시며 소개장을 써서 손에 들려주셨다. "낯선 곳에 갈수록 지인이 필요하다"고 하시면서….

그렇게 퍼스 교민과 통화를 끝낸 지 얼마 안 되어 소식을 들으셨다고 바로 지 장로님이 우리 집을 찾아오셨다. 교수님의 소개 편지를 받으시고는 더욱 반가워 하셨다. 그날이 일요일이었는데 마침 교회행사로 전 교인들이 바베큐를 하면서 야외예배를 드린다고 같이 가자고 권하셨다. 교회를 안 다녀서 좀 이상하기는 했지만 지 장로님 말씀대로 퍼스 교민들의 살아가는 모습을 간접적이나마 확인할 수 있는 좋은 기회라고 생각하고 따라나섰다. 참석해보니 얼마나 친절히 대해 주는지 무척 감사하였다. 이렇게 한데 모여 웃고 있다는 것이 믿기지가 않았다. 얼마만인가! 얼마나 대견한 시간인가! 한동안 구경도 못했던 고추장도 깻잎도 실컷 먹었고 고춧가루로 빨갛게 버무린 겉절이 김치까지 먹어보니 천국이 따로 없이 행복했다.

그때부터 우리의 생활은 완전히 달라졌다. 교민들이 알려준 대로 우리도 중국 상회를 찾아가 고춧가루도 구입할 수 있었고 좀 멀긴 했지만 간이 한국식품점이 있는 곳도 찾아가 보았다. 그러던 어느 날 좋은 일도 겹쳐서 오는지 중국 상회를 찾아가 이런저런 식료품을 사던 중 우연히 또 한 분의 교민을 만나게 되었으니 그로부터 긴긴 세월 변함없이 좋은 인연을 나누게 된 조씨 아저씨를 그때 처음 알게 되었다. '세 사람이 길을 가면 그 중에 반드시 나의 스승이 있다'는 옛말이 어쩌면 그렇게 맞을까? 조씨 아저씨를 만날 때마다 우리는 늘 가슴이 울렁거렸다. 그분은 우리의 스승이었고 그

분의 말씀은 현실적 이었고 설득력이 있어서 "타국에서 살아남아야 한다"고 힘주어 말할 때면 마치 우리는 그 옛날 상해 임시정부의 애국지사를 만난 듯 감격스럽기까지 했다.

생각해보면 전후 세대인 우리는 유사 이래 가장 평온한 삶을 누려온 셈이었다. 그 반대로 모진 식민지 치하와 비참한 난리를 겪으며 치열하게 살아오신 바로 웃어른들로부터 숱하게 들어온 애국애족의 단어를 타국에 와서 부딪혀보니 어찌 마음이 설레지 않겠는가? 그때 고국의 거리에는 곳곳마다 중무장을 한 전경들이 진을 치고 있었고 학생들은 투신자살까지 하면서 억척같이 데모를 하던 암울한 시대였다. 아저씨의 농투성이 같은 굵은 손마디를 바라보면서 타국에서의 숱한 역경을 이겨낸 모험담을 듣고 있노라면 마치 어린 소년가장의 눈물겨운 수기를 듣는 것처럼 놀랍고 슬프고 충격적이었다.

그런 조씨 아저씨가 호주에 온 것은 1975년이라고 한다. 형님이 월남 기술자로 파견되었다가 월남패망과 함께 먼저 호주로 들어와 영주권을 얻자 조씨 아저씨는 형님을 방문하는 식의 방문비자를 얻어 가족을 두고 혈혈단신 호주로 들어 왔는데 당시 호주는 한국 사람이 많지 않아 이런저런 정보가 부족하여 직장은 많았으나 직업을 가진 한인들이 적었고 까다로운 이민법을 통과하기가 어려워 대다수 불법체류라는 어려운 상황에서 한국 사람들끼리 조그마한 이권에 연루되어 서로 밀고 당기며 도망 다니기도 하는 극한 상황도 많았다고 한다. 그런 상황이 다시는 동족사회에서 되풀이되면 안 된다는 것을 아저씨는 누누이 강조하셨다.

어쨌든 정식기술 이민으로 들어온 사람들은 병아리 감별사 몇 명과 특별한 직종 몇몇이 고작이었고 95% 이상이 월남에서 임시비자로 들어와 1975년 사면령의 혜택을 받아 영주권을 획득, 그 가족들이 속속 입국하였고 친척들이 또 다시 하나 둘 방문비자로 입국하여 다시 불법체류의 길을 걷다가 1980년에 또 한번 사면령이 내려 불법체류 신분이 합법체류자로 바뀔 때까지 그 시간들이 조씨 아저씨가 감당한 5년, 고통의 세월이었다는 것이다. 말하자면 천신만고 끝에 기회를 잡아 퍼스에 정착했다는 이야기인데 우리로서는 아저씨가 왜 그렇게 모진 고생을 참아가며 굳이 고향을 등지고 타국을 고집했는지 처음에는 이해가 안 되었으나 차츰 안정된 생활을 하며 살고 있는 교민들을 보면서 우리도 교민들의 생활이 부럽게 느껴졌고 또 서서히 이해하는 쪽이 되었다.

그때도 여전히 고국은 외줄을 타는 것처럼 불안하였고 퍼스에 정착한 교민들은 80% 이상이 자기 집을 소유한 편안하고 안정된 생활을 보여주고 있었으니까 말이다. 그렇게 마련한 집들은 상당히 크고 대지도 넓었는데 테니스 코트나 수영장까지 갖춘 집들도 있었다. 관리가 힘든 수영장은 흙으로 메워 야채 밭을 만들어서 풋고추, 오이, 호박, 상추 등을 가꾸어 싱싱한 식탁을 마련해 먹고 사는 실속파 교민들의 이야기도 재미있었다.

그렇다면 퍼스 교민들은 어떻게 목돈을 마련하여 집을 장만하였을까? 아저씨 설명에 의하면 애당초 퍼스로 입국한 사람들은 없었다고 한다. 시드니 서북쪽인 '다아윈' 광산으로 일하러 왔다가 광산으로 일하러 가기 쉽게 당분간 퍼스에 살기로 한 것이 아예 살기 좋은 퍼스에 정착을 한 것이라고 한다.

광산에는 언제나 일자리가 있었고 임금도 높아 대략 일년 정도 일을 하면 목돈을 만들 수 있었다고 하는데 시드니에서 광산까지 가는 데는 비행기로 대략 6시간, 반면 퍼스에서 광산까지는 비행기로 2시간 정도라고 하니 여러모로 퍼스가 편했던 것이고 퍼스에서는 육로로도 18시간 정도 자동차로 달리면 갈 수 있는 위치에 광산이 있다고 한다. 그러나 광산은 연중 40도를 웃도는 열대기후로써 가족들과 함께 살기에는 어려운 곳이어서 자녀들 교육과 생활여건 때문에 가족과 떨어져 살 수 없어 일을 포기하고 퍼스에서 정부연금으로 생활하는 이른바 공무원(?)도 많다고 아저씨는 웃으며 귀띔해 주신다.

그렇다면 퍼스에는 일자리가 없을까? 1984년만 해도 퍼스 교민들은 시드니 교민들과는 달리 청소일 같은 노동일은 탐탁하게 생각하지 않는 것 같았다. 별다른 기술이 없는 것이 교민들의 문제점이긴 해도 필요하면 언제든지 광산에 가서 돈을 벌어올 수도 있다는 것이 퍼스 교민들을 정신적으로 편안하게 해주는 것 같았다. 사실 서부호주는 호주에서 가장 부유한 주정부이다. 호주의 지하자원은 거의 서부호주 소유이며 서부호주의 부유한 재정으로 몇몇 적자운영의 호주 주정부의 살림을 돕고 있는 실정이라고 한다. 그렇지만 주정부가 부자라 해서 일자리 구하러 간 분들까지 무조건 수월했던 것은 아니었나 보다.

"내가 광산에 처음 갔을 때 나는 기술도 돈도 없었어. 물론 돈이 없으니 광산을 갔겠지만 아직 일자리도 못 얻었는데 때는 다가오드만. 혼자 광산 막사에 남아 동료가 남긴 식은 밥 몇 술을 고추장에 발라 먹는데 확 눈물이 쏟아지데. 그처럼 서러운 세월로 5년을 버틴 거야 타국에 왔으니까 그만한 각오는 해야 해. 먼가를 얻어야 할 것 아냐?"

그때부터 우리는 무엇을 얻을까 골똘히 생각하게 되었고 그 무엇을 얻으려면 우리도 조씨 아저씨 댁을 자주 내왕하는 것이 좋을 듯 했다. 밤이면 임시정부의 연락책들처럼 그렇게 조씨 아저씨 댁으로 동족들이 모여 들었고 영어가 아닌 한국말로 대책회의가 아닌 친목도모를 목적으로 밤 새는 줄 모르고 북적거려가며 때로는 심각하게 두런거리기도 하는 마음 편히 사는 한국 교민들의 생활이 거기 있었다.

이별 연습

어느 날부터 인지 나는 언뜻 우리 곁에 다가온 이별의 그림자를 보았다. 날이 갈수록 어두워져만 가는 내 마음은 떠나야 할 나그네의 길을 재촉하는 조급함이 생활 전체를 싸고 있었다. 살림이 불어나는 것도 싫었고 쇼핑하는 것도 싫어졌다.

존이 우리를 방문했던 주말, 존과 헤어진 것은 자정 가까이였는데 애석하게도 우리 어른들이 이야기를 즐기는 사이에 시몬느가 그만 담배꽁초를 집어 먹어 큰 소동이 난 후였다. 침착한 파밀라가 빠르게 응급조치를 하여 별탈은 없었지만 놀란 존이 급히 병원응급실 예약을 하고 허둥지둥 병원을 향해 떠나는 것을 보니 고맙기도 하고 미안하기도 하고….

그리고 결과적으로는 마지막 만남이 되어버린 12월 25일 오후, 리버사이드 피크닉에서 존과 다시 만났다.

크리스마스가 서양의 명절이라는 것은 알고 있었지만 한 여름의 크리스

어둠이 내리고, 빛이 사라졌다.

어느새 내 가슴엔 이별을 예감하는 그림자가 내려와 있었다.

마스를 보내는 호주의 경우 가족이 모두 모이는 모처럼의 명절 오후를 야외나 강변에서 가벼운 소풍으로 즐긴다는 것을 전혀 몰랐던 우리는 존이 오라고 알려준 강변에서 또 다시 만나는가 보다라는 가벼운 마음으로 나가서 물가에 도착하고 보니 아뿔싸! 피크닉 나온 사람들이 울긋불긋 강변 가득 장관을 이루고 있는 것이 아닌가! 흡사 여름해변을 수놓은 바캉스 인파들 같았다고나 할까? 가족들과 이웃들과 삼삼오오 둘러앉아 크리스마스 푸딩을 서로 자랑하며 구워온 칠면조 고기와 여러 음식들을 권하는 모습은 흡사 추석명절을 지내고 이튿날 운동회에 참석한 우리네 풍습처럼 먹을 것도 푸짐하였고 인심도 푸짐한 바로 그 풍경이었다.

울상이 된 우리는 몸 둘 바를 모르는 풍요 속에 빈곤이었다. 아무것도 가져오지 않은 결례가 낯 뜨거워 음식을 권하는 존의 이웃들 손길이 원망스럽기만 했으니 말이다. '우리 한국음식을 좀 장만해 갔더라면…' 이런저런 아쉬운 마음으로 음식도 먹는 둥 마는 둥 꼭 그런 기회가 다시 오길 바랐지만 사실은 그날로 존과는 영원히 헤어지게 되는 비극을 맞이하게 되는데 그 때부터 존은 더욱 건강이 나빠져서 끝내는 회사까지 그만 두게 되고 우리는 예정된 시간표대로 결국은 퍼스를 떠나 시드니로 향하게 된다.

시드니로 출발하기 전에 우리는 퍼스 근교에 위치한 '*후리멘틀'이라는 항구에 가서 마지막 관광을 하기로 했다. 퍼스에서 약 20Km 남서쪽에 위치한 후리멘틀 항구는 퍼스의 주요 항으로써 서부호주에서 가장 고풍스러운 도시 중에 한 곳이다. 무료로 개방되는 박물관에 들러 아이들에게 도시의 역사도 보여주고 지금은 비어있는 옛날 죄수들의 감옥도 보여주고 선창

* 후리멘틀: Feemantle . 지명

가로 나가 긴 방파제를 걸어 보기도하며 아쉬운 시간들을 보냈는데 그날 저녁 이탈리안 레스토랑에서 먹은 스파게티는 어찌나 맛이 있던지 지금까지 그 맛을 잊지 못하고 있다. 밤늦게는 그곳에서 한국선원을 만나는 행운도 있었는데 역시 뱃사람들이 머무는 곳에는 특별한 정취가 있는 듯 애소 띤 음악이 흐르는 선술집도 있어서 한국선원과 정답게 잊을 수 없는 항구의 낭만을 흠뻑 맛보기도 하였다.

그리고 이별,

이별은 언제나 서러운 것이어서 자꾸 눈물이 흘렀다. 생각해보면 보람이 많았던 생활이었다. 미련이 많아 이런저런 일들이 주마등처럼 떠올랐다. 어느 날이던가? 이웃에 사는 강호남씨에게 노동에 대한 호주생활 이론을 차근차근 들었는데 신문 구직란을 보니 이론과 같았다. 즉시 전화를 해보니 놀랍게도 취직이 되었다. 서부호주 대학의 긴 복도를 3시간 동안 폴리싱 머신으로 광을 내야 하는 일이라는데 남편은 호주 일이 궁금하다 하여 시험처럼 시작해 보기로 하였다. 그런데 첫날 새벽 4시에 집을 나가 10시가 되어서야 돌아왔다. 학교도 못 가고 퉁퉁 부은 팔을 하루 종일 목욕탕 물에 담그고 있는 남편을 보니 언젠가 읽은 《새벽 4시에 한국인》이라는 미국 이민 스토리가 생각났다. 억척스럽게 새벽부터 일한다는 미국 교민들처럼 호주도 크게 다르지 않구나 하는 걸 절감했다. 그래도 남편은 그 일은 경험이 없어 곧 해고당할 테니 해고되는 날까지 일을 해보고 싶다고 아픈 팔로 또 새벽에 집을 나섰는데 그를 보니 꼭 이렇게 무섭게 살아야만 살 수 있는 곳이 외국이라면 앞으로 우리는 어떻게 살아갈지 너무 막막하여 겁이 덜컥 났었다.

안녕! 나의 소중한 사람들아!

그렇게 일주일이 지나자 요령을 터득하여 수월하게 기계를 운전할 수 있어 힘이 안 들고 기계를 다루는 일이라 흥미 있어 자신이 있다고 아르바이트로 좋다고 했다. 신이 나서 바로 이웃에 사는 미스터 강에게 달려갔다. 곧 해고될 줄 알고 아르바이트 한다는 이야기도 못했는데 마음 놓고 자랑해도 될 듯 싶어서였다.

"핫, 핫, 핫" 유난히 웃음소리가 큰 미스터 강은

"앞으로 퍼스의 숨은 실력자가 되실거야" 하고 격려해 주어 기뻤던 날도 있었다.

이제 우리는 도시 퍼스에서 얻었던 보람과 희망을 다시 퍼스에 내려놓고 병이든 존과 시몬느를 버려둔 채, 아이가 없어 외로워하던 강호남씨 부인에게는 장난감 같았던 우리 어린것들을 다시 빼앗고, 이웃에 우리가 있어 든든해하시던 노 할머님께도 이별의 손을 흔들었고, 말리사 호주 할머니에게는 끝내 우유나 주스를 얻어 마실 기회도 주지 않은 채, 그리고 그렇게 믿고 의지했던 조씨 아저씨 가족들…, 주말 낚시를 같이 즐기던 노총각 박상훈씨, 친절하시고 자상하셨던 지 장로님과 교우들…, 아! 어찌 잊으랴!

돌이켜 보면 정말 많은 분들의 보살핌 속에서 행복했었는데 왜 꼭 떠나야만 하는지! 우리는 그들의 뜨거운 우정으로부터 과연 자유로울 수 있을지…. 본드라는 복덕방 예치금, 또 다시 팔아야하는 자동차 등을 아픈 존에게 숙제로 남겨주고 우리 4가족은 그렇게 많은 애정들을 전부 주섬주섬 보따리에 꾸려서 싸 짊어지고 전혀 다른 도시 시드니를 향해 저 유명한 대륙횡단전용 *디럭스 버스에 무조건 몸을 싣는다.

---

* 디럭스버스 : Deluxe Bus

대륙을 횡단하며

이제 우리는 밤과 낮을 쉬지 않고 달린다는 그 유명한 대륙횡단 일정에 올랐다. 한국에서 가져온 가방 세 개를 또 다시 싣고 오랫동안 꿈꾸어 왔던 긴 여행의 체험이다. 사실 그때 우리에게 절실히 필요했던 것은 *텐션이었던가 보다. 안정을 추구하기엔 너무 젊었고 더 많은 것이 궁금한 나이였다.

여행이란 미지를 향한 꿈이고 모험으로 안내하는 동심이다. 동심은 언제든 우리가 돌아가고 싶은 마음의 고향, 우리는 이런 날이 오기를 손꼽아 기다렸고 많이 준비했다. 설레며 부딪치다 보면 깨닫게 되고 발전하는 것처럼 우리는 이 여행에서 많이 보고 배우리라 각오는 했지만 과연 낮과 밤도 없이 달리는 3일 동안을 버스에서 아이들과 함께 생활할 수가 있을지 은근히 걱정도 되었다. 버스는 야행성인 짐승들이 자동차 헤드라이트 빛을 향해 뛰어드는 밤 시간으로부터 차를 보호하기 위해 부착된 앞뒤범퍼로

* 텐션: Tension, 긴장

무장한 견고한 이층버스였는데 영화를 관람할 수 있는 전자장치는 물론 화장실과 음료용 수도장치까지 모두 갖춘 관광버스였다.

〈60세 이상이면 대륙횡단 여행을 다시 한번 생각하라〉 경고문이 붙은 육중한 문이 닫히자 버스는 출발했다.

자연스럽게 퍼스 시내를 벗어나자 끝도 없이 이어지는 *Bush로 들어선다. 그러다가 작은 소읍들을 연상시키는 마을들이 갑자기 나타나면 우리는 반가워 손을 흔든다. 멀리 보이는 양떼들과 점점이 이어지는 외딴 농가들은 도시 집들과 차이가 없어 퍽 인상적이었다. 아니, 오히려 더 넓게 지은 농촌의 이삼층 양옥집들이 윤택한 호주농촌 생활을 보여주는 것 같아 훈훈해 보였다. 농촌과 도시의 빈부차이를 일단 겉으로는 전혀 느낄 수 없

---

* Bush: 잡목 숲

는 평화로운 풍경들이다. 가도 가도 끝이 없는 농장의 행렬이지만 사람들은 전혀 보이지 않는다. 목동도 없었다. 얕게 쳐진 철조망을 경계로 양쪽을 갈라 한쪽에서 가축이 풀을 뜯어먹으면 다른 한쪽은 풀들이 자라고 풀이 다 자라면 다른 쪽으로 이동만 시키면 된다니 사계절이 푸른 호주는 천혜의 낙농국이다. 물웅덩이 근처 물이 있는 곳은 바람개비 모양의 팔랑개비가 푸른 하늘 높이 돌고 있어 마실 물을 찾는 동물들을 인도해준다. 그렇게 축사도 없이 가축 스스로 먹고 자고 번식하는 동안 주인은 자신의 가축이 얼마나 늘었는지 일일이 알 수도 없다고 한다. 사람의 손길이 미치지 못하니 이따금씩 새끼를 낳다가 실패한 가축이 그대로 고통 속에 죽어 썩어가는 몸체를 보면 비정한 건지 아니면 자연의 순리 그대로 살다 갔으니 긍정적인 것인지….

곧 날이 저물고 밤이 되었다. 이제 하이빔으로 헤드라이트를 올리고 버스가 달려도 맞은쪽 도로에서는 견제할 차량조차 없다. 간간히 호주의 상징 캥거루 표지판들이 차례로 나타나 위험한 길들을 친절히 인도해 준다. 그 중 특히 Next 200Km로 유명한 캥거루 사인은 시속 100Km로 2시간을 달려가야 다음 주유소가 있다는 바로 지금 우리에게 해당하는 광활한 대륙에서 쓰이는 안내 표시이다.

이제 도로는 이어지는 안내 표식들만 우리의 의식을 채근할 뿐 황량한 대륙의 밤은 자꾸 깊어만 간다. 그리고 얼마 후 200Km를 지나 왔는지 어느 주유소에 이르자 운전수가 교체되었다. 정확하게 출발한지 8시간이 된 것이다. 끝없이 이어져온 적막한 내륙 그 깊숙한 길가에 불빛마저 희미한 작은 주유소 앞에 유령처럼 불쑥 나타난 저 운전수는 도대체 어디서 왔을까 우리가 탄 버스가 멀어질 때까지 흰 손수건을 흔들어주는 정든 저 운전수는 인가도 없는 이 한밤에 또 어디로 간단 말인가 우리의 상태로는 어느 것 한 가지도 알 수가 없었고 확신도 없이 다만 흔들리고 있을 뿐이었다.

아침이 되었다.

서로 미소하는 승객들의 표정은 밝아 보였고 한 상업지역의 버스가 정차하자 모두 아침식사를 하기 위해 흩어졌다. 여행자들을 위해 예정된 아침식당은 바페식(뷔페식)이었으며 우리는 호밀빵과 뜨거운 스프 그리고 소스를 얹은 으깬 감자를 베이컨에 곁들여 먹었다. 여행에서 체력을 유지하려면 먹는 것이 중요하다. 다행히 음식들은 입에 잘 맞았다. 또 다른 도시에서 맞게 된 점심 메뉴로는 샌드위치와 샐러드 야채로 나온 검붉은 당무가 맛이 좋아 훌륭한 식사였다. 여전히 8시간마다 운전수가 교체되면서 버스는 달리고 또 달렸다. 끝없는 사막이 계속 이어지고 있었다. 우리는 불편함을 참으려고 호주의 서부에서 시작하여 호주의 최남단 해안을 골고루 찾아 돌면서 각 도시를 관광하는 지금 이 여행이야말로 평생에 다시 갖기 어려운 좋은 기회라고 스스로를 달래면서 애써 위로도 해준다. 아이들과 함께하여 다른 여행자들과의 낭만적인 대화는 기대할 수 없었지만 유일한 꼬마 승객들에게 보내는 시선들은 모두 따뜻하고 고마웠다. 다행히도 녀석들은 자신들의 운명적인(?) 여행을 즐겁게 받아들이는 눈치였다. 먼 후일 이 아이들은 황량한 대륙을 달리던 우리의 여행을 기억해 낼 수 있을지….

태곳적 정적이 그대로 묻어있는 붉은 사막과 아무렇게나 던져진 듯 무표정한 저 돌무더기들…, 그리고 흩어진 공룡 뼈마디처럼 백골로 변한 나무등걸들이 표현하는 참담한 느낌…, 잊혀져 있던 사막이 주는 가슴 철렁한 생경한 풍경들까지 나에게는 모두 신비하고 아름답게만 보인다. 만 하루가 지나자 다리부터 통증이 오기 시작하였다. 사람이 인내할 수 있는 시간은 한계가 있나 보다. 아이들은 우리 무릎에 다리를 뻗고 눕기도 하지만 다리가 긴 어른들은 이런저런 시도를 해보아도 그때뿐이다. 다시 날이 밝자 버스는 서부호주가 아닌 남부호주를 달리고 있었다.

드디어 남부호주의 주도 아델라이드에 도착한 것이다. 남부호주는 호주 전체적으로 볼 때 농업지역이다. 아델라이드 시내 빅토리아 스퀘어를 바라보며 아침을 먹고 나자 이번에는 운전수가 아닌 버스가 교체되었다. 큰 도시였기에 타고 내리는 승객도 한두 명 바뀌어 여행가방을 든 아가씨와 머리를 빡빡 깎은 한 청년이 새로 승차하였는데 그 청년은 금방 감옥에서 나온 사람인 듯 하다고 옆 좌석 남자가 살짝 귓속말로 전해 주었다. 아가씨는 어머니가 배웅을 나와서 손을 꼭 잡아주며 "여행하는 동안 좋은 친구를 사귀기 바란다"는 인사가 호뭇! 아델라이드에서 머무를 수 있는 시간이 많지 않아 백포도주로 유명한 남부호주까지 와서 북동쪽 50Km 에 위치한 바로사 벨리 양조장이 있는 와인촌을 돌아볼 수 없는 것이 못내 섭섭했다. 2월부터는 포도 수확기이기에 온통 푸르른 포도밭으로 뒤덮인 잔잔한 구릉과 식물원과 공원으로 둘러쌓인 총독 관저가 있는 영국 풍의 아늑한 도시를 한 바퀴 돌고 난 뒤 버스는 사탕수수가 바람에 휘날리는 교외로 나왔다. 포도와 사탕수수의 재배단지인 농업지역이면서도 식수 질이 안 좋다는 아델라이드에도 우리 교민들이 많이 정착하여 살고 있다고 들었다.

그렇게 여러 도시를 지나면서 동쪽으로 동쪽으로 버스는 이동을 거듭하여 멀고먼 시드니로 향하였다. 시드니를 300Km쯤 남겨놓은 자정쯤 기온이 낮은 불루 마운틴 깊은 계곡을 넘으려니 눈보라를 만난다. 버스는 서행운전을 하며 곡예를 하듯 조심조심 그 고개를 넘은 것 외에는 길고 긴 여행

치고는 편안했고 비교적 순탄한 행로였다.

시드니 중간 기착지인 'Paramata'에 버스가 정차하자 많은 사람들이 내렸다. 시드니에 대한 정보가 전혀 없는 우리는 많은 사람들이 내리자 내려야 옳을지 어떨지 몰라 잠시 당황하였다. 그러나 내친김에 종착지까지 가보기로 하였다.

시드니는 이제껏 보아온 어떤 도시보다 낡아 보였다. 처음 세워졌을 도시라 그런 듯했다. 길도 좁아 보였고 이 층으로 된 테라스 하우스는 슬럼화되어 쓸쓸한 느낌이다. 버스는 마침내 중앙역으로 보이는 시내 중심가에다 승객들과 짐을 모두 내려놓더니 어디론가 사라져버렸다. 아이들은 버스가 떠나가자 만세를 불렀다. 우리는 놀랍고 허망해서 그런 아이들을 보고 웃고 말았다.

드디어 호주대륙 서쪽에서 동쪽인 시드니 센츄럴 스테이션까지 무섭게 달려온 것이다.

Good bye!
Perth!

"세계사 속의 튤립 이야기"

-호주의 튤립 개화기는 10월말에서 11월초까지이고
캔버라 튤립축제는 특히 유명하다.

튤립은 꽃들 중에 가장 아름다운 꽃은 아닐지도 모른다. 하지만 4,000여 종의 아름다운 교배종이 가능했던 튤립은 끝없는 신품종 개량의 환희와 열정을 줄 수 있었던 가장 신비로운 꽃이다.

튤립은 심플한 컵 모양의 곡선과 선명한 색조가 주는 강한 인상 때문에 누구에게나 친근하고 밝은 느낌을 준다.

튤립은 목화와 풍차의 나라 네덜란드를 유명하게 만든 꽃이다.

네덜란드는 1593년의 가을 Leiden 대학의 첫 번째 tulips 연구소를 설치한 나라이다. 네덜란드는 그곳에서 연구교배를 거듭하여 신 교배종으로 마침내 까만 튤립을 탄생시키기까지 하였다. 그 외에 Tulipomania 비화한 등 여러 교배종들은 각양각색으로 신비를 더하였고 특별히 아름다웠다. 튤립은 네덜란드에 국화로서 네덜란드의 튤립 꽃과 구근은 세계 수출량 1위이며 튤립공원 〈퀴켄호크〉의 명성은 세계적이다.

그러나 튜울립의 원산지는 네덜란드가 아니라고 한다. 원산지는 러시아와 중국의 국경근처라고 알려져 있으나 Tien-Shan 및 Pamir Alai 산 주위 유전센터 또는 흑해 근처에서 터키 사람들이 이미 1,000 AD 이전에 tulips을 재배하고 있었다는 설도 있으며 코카서스지방 남부나 이란 서부, 터키 동부에 걸친 중서부 아시아가 원산지라고도 한다.

튤립은 중세에 터키인들에 의해 관상용으로 개량되어 궁정이나 사원을 장식해 왔던 꽃이었다. 튤립을 처음 유럽에 전한 사람은 신성로마제국이 오스만투르쿠의 헝가리 침공에 맞서 터키로 파견되었던 〈아기에기슬란드 부스백〉 대사였다고 한다.

1554년 대사는 지금의 이스탄불과 에데르네 사이 어느 길가에 피어있는 이 특이한 꽃에 홍미를 느껴 적잖은 돈을 주고 구근을 손에 넣었다고 하는데 대사가 이름을 물었을 때 정식 이름인 "라일레!"라고 대답했으나 통역은 꽃 모양에서 생긴 속칭 튜리밴드라는 말로 연상 그 말이 또 변하여 튜

리팜 그리고 지금의 튤립으로 변칭되어 왔다.

프랑스어의 터번은 원래 페르시아어인 더루번드(모자)에서 파생된 말이라고 하며 튜리밴드에 대한 반론설은 대사가 튤립 꽃 이름을 물었을 때 원예사가 구근을 싸고 있던 목화를 묻는 줄 알고 "튜르크 파무(터키 목화)!"라고 대답해서 생긴 이름이라는 유래설도 있다.

이렇게 하여 튤립 구근은 오스트리아 빈에 있는 왕립 약초원에 전래되어 재배되고 있었는데 1593년 카를로스 크루시우스에 의해 네덜란드에 전해지자 금세 인기를 모아 17세기 초엽에는 터키에서 대량으로 뿌리가 네덜란드로 운반되었다. 처음에는 작은 꽃이었으나 차츰 개량되어 고가에 품종이 되자 투기꾼들에 표적이 되었다. 튜울립 열기는 계속 치솟아 1643년경에는 시장이 아예 광란의 상태가 되고 말았다. 이른바 거품 경제에 효시가 된 것이다.

〈튤립공황〉으로 불린 이 역사적 사건은 진기한 튤립 뿌리 1근에 12에

이커(약48,560m^2)의 토지와 교환되거나 1만 플로린(약 1만 달러)으로 거래되었으며 그 중에서도〈총독〉이란 이름의 귀한 품종은 상상을 초월한 금액에 거래되었다고 한다. 기록에 남아있는 거래대장을 직접 소개해 보면 아래와 같다.

「일찍이 제 17세기 안에, 부유한 네덜란드 사람, 영국인 및 프랑스인들은, 1624년에 재배자는 (Semper이라고 Augustus 부르는) 기초에 $1,200의 동치를 위해 파란 담채에 빨강과 백색튤립을 매출했다.

그것은 튤립 뿌리 한 근에 트럭 2대 분의 밀가루, 트럭 4대 분의 보리, 수소 4마리, 돼지 3마리, 양 12마리, 52.5갤론의 와인 2통, 맥주 큰 통으로 4통, 버터 2통, 치즈 1000파운드, 비품 달린 침대 1대, 예복 한 벌, 은제 컵, 한 세트 등의 현물과 2,500플로린 금화를 지불했다.

튤립 구근 한 개 값은 3,000의 네덜란드 guilders($1,500 미국) 또는 특이한 품종의 경우 4,500guilders ($2,250) 을 호가했다. 한 명의 양조자는 단순한 전구를 위해 그의 전체 양조장을 교환했다. Pawned Viceroy이라고 지명된 또 한 개의 전구를 위해 집을 저당잡혔으며 가족들의 보석은 물론 밀의 2개의 짐, 호밀의 4개의 짐, 4마리의 뚱뚱한 소, 8마리의 뚱뚱한 돼지, 12마리의 뚱뚱한 양, 2개의 hogsheads, 맥주는 4개 배럴, 52.5갤론의 와인 2통, 버터의 2개 배럴, 치즈의 1,000 파운드, 리넨의 완전한 침대, 예복 한 벌 및 silver tankard와 교환되었다.」

라는 등등의 내용들이 그것이다

그러나 3년 후인 37년 2월 부풀대로 부풀어 오른 튤립 거품가격은 마침내 터졌고 시세가 폭락하고 말았다. 투기꾼들과 벼락부자들은 파산하였고 거리로 비참하게 내몰리는 신세로 전락하여 튤립을 둘러싼 환상거래에 막을 내린 것이다.

튤립 또한 일반화 되어 누구나 재배할 수 있고, 즐길 수 있는 대중적인 꽃이 되었지만 지금도 변함없이 튤립은 가장 사랑 받는 꽃 중에 한 종인 것만은 틀림없을 것이다.

자료출처 : http://www.bulb.com/historymyth/romp.asp

▶▶▶ FOR SYDNEY IN AUSTRALIA

미르라 숲의 꿈

Sydney

곱슬머리 뱅크시아 꽃나무

전설 속으로

희뿌연 시드니의 4월은 가을의 시작이다.

계절이 바뀌는 환절기라서 비가 많이 오고 우기를 맞은 미항은 한층 더 멋스러운 낭만으로 빠져든다.

4월에는 항구에서 꼭 배를 타보고 싶은 간절한 그리움의 계절이고 지금 나는 뽀얀 물안개 피는 항구가 보이는 언덕에 서서 작은 뱅크시아 나무줄기의 곱슬머리 샛노란 꽃잎들을 바라보고 있다. 초롱꽃처럼 줄줄이 수정처럼 맑은 빗방울들을 달고 하얀 김을 무럭무럭 뿜어내고 있는 풀숲의 꽃술은 그래서 더욱 청초하다. 그들의 깊은 숲 속에서는 갓난 '오색앵무(Rainbow Lorikeet)' 새끼들이 칠색의 깃털을 빗속에 접어놓고 울고 있는지….

바로 앞 바다에는 앵커(anchor)에 묶여있는 빈 돛대들이 오락가락 깃발 잃은 마스트를 서로 높이 치켜 올려 흠뻑 젖은 검푸른 바다를 빼곡히 지키고 있다.

씨포스(Seaforth, 지역이름)가 보이는 바로 이 스핏 브리지 공원은 미르라 숲의 꿈을 넉넉히 가슴에 담아 줄만한 뛰어난 비경을 품은 시드니 북쪽에 위치해 있다.

의식과 같은 폭풍우가 지나가면 우리는 운명처럼 이방인들이 먹는 연으로 만든 음식을 먹을 차례가 되는가 보다. 그런데 이 음식은 그것을 조금이라도 먹으면 고향 생각을 아주 잊고 언제까지나 그 나라에 살고 싶어 하는 이상한 힘을 지니고 있다고 한다.

얼마나 멋진가? 반쯤 눈을 감고서
흘러 떨어지는 샘 소리를 듣고 있노라면
언제나 마음속에 떠오르는 미르라 숲의 꿈
떠나기가 싫다네. 산상의 미르라 숲이 있는 곳을
매일, 연 열매를 먹으며
지켜보는 갯가에 이는 잔물결,
그리고 새하얀 물보라를 날리는 아름다운 해변

- 테니슨 -

우리는 시드니에 도착하여 짐을 풀자 곧바로 이곳에 정착하신 선배님이 타시던 헌 자동차를 물려받아 차를 몰고 아름답다는 시드니 북쪽 관광에 나섰다. 그곳은 북쪽으로 올라갈수록 언젠가 내가 와 본적이 있는 듯한 어떤 몽환의 꿈결같이 아름다운 해변으로 길게 이어진다.

늘 푸른 파인트리가 마치 거인족 열병식인양 하늘을 찌를 듯이 늘어서서 눈을 부릅뜨고 청정바다 위를 오가는 여객선들을 지키고 서있는 Manly Beach (맨리바다)….

시드니를 두고 떠나가는 화물선들의 마지막 모습들이 노을 속으로 멀어지는, 한 폭 영화 속에 그려진 '노스탤지어(Nostalgia, 안드레이 타르코프스키 감독)'의 향수를 떠올리게 하는 Curl Curl Beach (컬컬바다)….

이제는 돌아와 바다를 추억하는 롱 존 실버(보물섬에 나오는 인물), 펫치(검은 안대), 스텀(의족) 같은 어린 날을 장식했던 꿈의 조각들이 아직도 그대로 살아서 묻어날 것만 같은 Chimney(굴뚝)가 있는 붉은 벽돌집의 마을 디와이(Deewhy, 지역이름), 그리고 아득히 이어도와 같은 소망과 그 섬들이 보이는 훈풍 아래서 찬란한 꿈을 잡은 선택된 자들만이 마시는 향기로운 적포도주 냄새가 베인 팜비치(Palm Beach. 지역이름), 그곳에는 전설에 불새 가 살았음 직도 한 낮은 구릉과 성운에 쌓인 작은 섬들이 점점이 있었고, 범종이 달린 오래된 교회와 깊은 우물까지…, 온통 우리의 의식을 심연으로 심연으로 끝없이 밀어 넣고 있었다.

돌아오는 길에 바다가 보이는 공동묘지를 발견하자 또 다른 느낌의 나는, 나에게 나직이 속삭여 본다.

"주검이 삶보다 아름답다는 느낌은 처음이네.
우리가 이곳에 머물 수 있는 시간은 순간인데
찝찔한 해풍과 영혼의 냄새가 묻어있는 이곳은 영원하다니!"

신비하다. 과거와 현재를 동시에 볼 수도 있다니….

Manly는 호주에서 첫 번째로 이름을 얻은 역사적인 장소 중 하나이다. 1788년도 주지사 Arthur Phillip이 시드니 항구(Port Jackson)에 도착한 후 그는 민물을 찾아 이곳저곳 항구를 탐구하기 시작했다.

Sydney Cover 근처, 지금의 Circular Quay에 위치한 Tank Screen은 첫 번째 함대에서 기대했던 여러 가지 희망을 이룰 수가 없었다. 동물들의 사육이나 농작물의 수확이 불가능하였기 때문이다.

Manly 근처를 지나가는 도중 비무장한 원주민 남자들이 Arthur Phillip의 작은 배를 발견하고 환영하기 위하여 근해로 모여들었다. 그들의 대단한 위상과 태도에 감명을 받은 Phillip은 그들이 '잠자다웠다고' 묘사하였고 기록되면서 그 묘사가 즉시 'Manly'라는 이름으로 남게 되었다. Phillip은 내륙에서 몇 마일 떨어진 지금의 Beacon Hill 북쪽에 있는 근해를 탐험하였지만 끝내 시내 후보지를 발견하지 못했다고 한다.

Sydney Cove에서 외진 Manly는 1846년 마을로 급격히 커지기 전까지 백인 정착자들은 맨리에 크게 손을 대지 않았다. 1850년 훼리호 선박 서비스가 시드니에 설치되면서 Manly는 눈부시게 번영되기 시작되었다.

그렇다면 동과 서의 의식도 통할 수 있다는 걸까? 그리고 죽어서도 preview(전망)를 볼 수 있는 행운, 그것은 가장 좋은 곳을 비워서 죽음의 비석을 세운 산 자만이 베풀 수 있는 배려와 예의를 확인한 현장이었고 낭만적인 호주인들의 여유를 엿보게 된 기회이기도 했다.

아침부터 오후까지 특별한 감성을 가득 담아본 아름다운 북쪽에서 다시 내려와 부지런히 차를 몰아 Down Town으로 들어서자 이제부터는 자연과는 전혀 다른 현대문명이 주는 새로운 기대로 가슴이 설렌다.

마침 1889년에 완성되었다는 중앙 시계탑이 있는 Town Hall로 들어서자 하오의 은은한 종이 울린다. 일년에 한번 울리는 제야의 종소리처럼 여기서도 여전히 종소리는 감동적이었다. 매 한 시간마다 어김없이 울리는 이 신비한 종소리를 듣기 위해 수천의 비둘기 떼도 숨을 죽이는가! 그 곁에는 먼 옛날 가난한 백성들을 위해 눈물짓던 에드워드 거지왕자의 신상처럼 빅토리아 여왕의 동상이 세월의 풍상을 휘감으며 오고 가는 시민들을 근심스럽게 지켜보고 앉아 있다. 그 치마폭 아래에는 뜻밖에도 거리의 중국인 악사가 단장을 끊어낼 듯한 애수 띤 곡조로 바이올린을 켜고 있고….

주차장을 찾아 차를 주차시키고 그림엽서를 사가지고 중앙 우체국으로 들어서자 이 건물은 뜻밖에 외벽은 물론 안쪽까지 바로크 왕조풍의 웅장한, 하이 시일링(높은 천장), 그대로 완전히 과거의 모습이다. 마치 우체국 인파들은 과거에 서식하는 작은 현대인종 같다고나 할까!

아쉬운 발길을 돌려 조오지가로 이어진 힐튼 호텔과 시드니를 상징하는 Center Point Tower로 들어섰다. 타워는 너무나 웅장하여 "아! 여기에는 인간의 모든 능력을 자랑하는 최첨예 문명군이 자리하고 있구나"하고 자랑스러워 하지만 타워 맨 위층에 마련된 전망대를 올라 시드니를 한눈에 바라보면 '왜, 시드니를 미항이라고 하는지, 자연이 빚어낸 예술이 어떤 이유로 인간의 능력을 지배하는지' 정신을 차릴 수 없을 만큼 마음이 복잡하고 벅찬 감정에 젖어 거대한 자연의 조화 앞에 가슴은 마냥 쿵쾅거린다. 사람은 너무나 경외로운 순간에는 죽음을 택하고 싶어진다고…. 감동과 절망의 교차점을 감당할 수 없기 때문이라면 잠시 바다 위에 포말처럼 하얗게 피어있는 오페라하우스를 바라보자.

거품 속에서 갓 태어난 신성한 비너스처럼 단아하고 아름다운 조개껍질 모습을 한 오페라하우스야말로 인간이 신(神)을 숭배하기 위해 쌓아 올린 성스러운 신전처럼 티 없이 완전한 모습으로 순결한 감동을 주기 때문이다.

그리고 Harbour Bridge 이 거대한 사슬 다리는 인간을 위해 천상의 불을 훔친 거인 프로메테우스의 고통처럼 풀리지 않는 수수께끼로 시드니항을 위해 쉼 없이 자동차는 물론 기차까지 흡수하였다가 다시 토해놓는 역사의 노역을 오늘도 변함없이 반복하고 있다. 그리고 다시 조용히 지상으로 내려와 도심의 오아시스 Hyde Park로 들어섰다. 대낮에도 정적이 깃든 고요와 만난 것이다. 이 숲은 다른 공원들이 주는 밝은 느낌과는 또 다른 어딘지 힘겨운 바람의 냄새가 실려 온다. 오래된 도시가 주는 우울과 문명의 무거움을 말끔히 씻어내려는 듯 힘차게 물을 뿜어내는 분수대를 중심으로 크고 작은 수목들이 서로 다투어 숲의 정기를 모으는 좁다란 통로를 지나 전체적인 둥근 모형을 살리기 위해 만든 길고 긴 오솔길들은 문득 그리이스의 왕 미이노스가 만든 〈미로〉를 떠올리게 하기 때문인가 보다.

도시 아테네에서 최초로 불리었던 미로 레비린스는 그곳에 넣어둔 몬스터(괴물) Minotaur(미노토르)에서 유래했다. 도시의 왕은 누구도 미로를 빠져 나갈 수 없다는 것을 증명하기 위해 몸은 사람이고 머리는 들소 모양을 한 미노토르를 미로에 집어넣어서 일년에 여자 일곱, 남자 일곱을 차례로 잡아먹으며 그 미로에서 살게 해준다.

그러던 어느 날, 왕 미이노스의 아름다운 딸 아리아든이 테세우스라는 이웃 왕자와 몰래 사랑에 빠졌다. 왕은 노하여 테세우스 왕자를 미로에 집어넣어 죽이려 하였는데 그 사실을 알게 된 공주 아리아든은 테세우스 몸에 실을 감아주고 칼을 주어 괴물 미노토르를 무찌르게 하고 풀려나간 실을 따라 미로의 입구를 찾아 둘이 함께 아테네를 뒤로 한 채 행복을 찾아 멀리 떠나버린 것이다.

결국 풀려버린 미로는 인간에게 버림을 받게 되었고 사랑의 힘은 어떤 미로도 풀 수 있다는 것을 새롭게 증명한 셈이 되었는데 자유의 도시로 알려진 아테네가 보여준 이런 역사의 아이러니는 어쩌면 어느 도시이든 갖고 있는 원초적인 이중성이 아닌지….

그렇게 우리는 하이드파크를 마지막으로 빠져 나와 신비한 도시에서의 하루를 마감하였다. 이제 우리도 미로를 헤쳐 낸 용감한 연인들처럼 빛나는 이 도시에서 어둠의 미로를 헤쳐낼 수 있을지….

날마다 생소한 연 열매를 먹으며 아름다운 이 도시를 떠날 수 없어 길을 찾아 헤매는 방랑자의 모습, 지금은 그것만이 확실한 우리들의 자화상 일 뿐 무심한 미르라 숲에는 어둠만이 짙게 물들어가고 있었다.

미노타우로스

계절의 문턱을 넘어서

고국을 떠나온 후 처음 맞는 쓸쓸한 날씨는 또다시 허망하게 잃어버린 겨울을 생각하게 하였다.

11월, 낙엽이 차곡차곡 쌓이는 늦가을에 고국을 떠나온 우리는 현지에 도착하고 보니 너무도 화려한 여름이 시작되고 있었다. 계절이 반대라는 정보는 이미 알고 있었지만 막상 눈으로 밝고 환한 여름을 확인하고 보니 내 생애에서 그 해 겨울은 그렇게 영영 잊어버리고 말았다는 상실감에 자꾸 허기가 졌다. 이렇게 암울하고 칙칙한 바람소리를 다시 들으며 이제 인생 중반에 선 채 다시 소년 같은 또 다른 사춘기를 앓으면서 접어두었던 철학이라든지, 문학 같은 의미를 다시 또 떠올리게 된 것은 도시 아침이 주는 괴기스런 침묵과 그 동안 나를 읊조려 왔던 격식을 훌훌 털어버린 홀가분한 기분 때문인지도 모르겠다.

그리고 바쁜 일상이 있었다. 낯선 기계에 앉아 노랑머리 제니가 쥐어준, 스위치를 누르면 멀쩡한 철판기의 구멍이 뚫리는 한 부분 작업이 그때 나의 첫 직업이었다. 정확한 자리를 비켜 성급하게 눌러댄 철판들이 내 이름자 뒤로 수북이 쌓일 때에 당황함을 지나 최고라는 허풍을 늘 입에 달고 다니는 제니가 예외 없이 내게도 그 특유의 거품을 입안 가득 북적거릴 때는 가을의 끝을 지나고 있었다. 더 이상 폐부에서 질러대는 외마디 소리를 느끼지 못할 만큼 신통하게도 두고 온 곳과 정착한 곳의 기온도 같아졌고, 공장이라는 내 작업실에서 느낀 그때의 감회가 떠오른다. 가까운 이들이 호기심 어린표정으로 호주에서의 첫 직장생활을 물으려 하면, 나는 한결같이 "아주 만족해요, 생각보다 훨씬…" 하는 의외에 대답으로 놀라워하는 그들에 눈을 한참씩 바라보았고 솔직히 스스로도 이변이라고 생각할 만큼 공장생활에 기쁨을 느끼던 때이기도 했다. 일 자체에 단순함은 지루하기도 했지만 그만큼 여유 있는 시간들에 의해 나의 사고는 생애 최고로 활발한 상상의 시기를 맞고 있던 까닭이었다. 나는 터키 친구를 통해 중세기 무적을 자랑하던 기사도 만날 수 있었고 한때 가난이라는 멍에를 진 예술가들을 줄줄이 실어 날랐던 이태리 이민배의 고단함, 그리고 두 주일 동안 물밖에 못 마시면서도 생사를 걸고 전란 중인 전장을 탈출한 월남난민 여자와 배에서 낳은 그녀의 갓난아기 이야기 등은 인간이 당할 수 있는 최악의 조건들이라는 시대를 초월한 사기(史記)들로 내 가슴속을 넉넉히 채울 수 있었기 때문이었다. 당시 나는 "왜, 호주에 왔을까?"라는 화두를 늘 품고 다녔던 때였으므로 상하고 찔린 그들의 과거를 간접적으로나마 들여다 본 것은 큰 충격이 되고도 남아 삶에 가장 본질적인 투쟁에 성큼, 다가선 느낌이었고 걸핏하면 싸움과 투정 투성이에 어수선한 공장 분위기와 노동자 특유의 단순한 그들 성격들은 그런 엄청난 과거의 이야기들과 비교해 보면 오히려 현재에 서 있는 나는 너무 편안하여 오히려 누군가에게 감사해야만 할 것 같은 그런 심정이었다. 그래서 더욱 자신이 이미 오래전부터 경험해 왔던 노동자들에 세계인양 능숙하게 그들에게로 다가설 수 있었고 그런 나에게 동지애(?)를 느끼는 그들의 환대 또한 따뜻했다.

물론 그 동안 앓아왔던 계절병도 말끔히 치유되었고, 그리고 때로는 격하게 또 아주 평온하게 시간은 무심히 흘러만 갔다.

<중략>

- 1990년 6월15일 <숲속의 빈터> 연재칼럼 중에서 발췌 -

1985년 말에 나는 A.W.A 라는 유명한 호주전자회사에 취직을 했다. 말이 전자회사이지 부분작업을 해서 조립을 하는 공장이나 비슷했다. 당시는 오래 전이고 그때 대부분의 이민주부들은 집에서 봉제를 하거나 구두공장 또는 화장품 공장, 청소일 등을 하고 있었는데 생각보다 취직하기는 쉽지 않은 때였다. 직업을 갖기 위해서는 이미 직장에 다니는 아는 사람들이나 정보가 많은 업소 등에 부탁을 해야 하는데 그것도 여간 한 줄이 없이는 힘이 들었다.

나는 호주 직장에 가고 싶었다. 다시 직장을 통해 사회생활을 해보고 싶은 것이 나의 꿈이었다. 그때 나는 매릭빌(Marricvill, 지역이름)에 있는 영어 그룹에서 일주일에 3일씩 영어를 배웠는데 아직 학교에 입학하지 못한 어린아이들은 엄마가 공부하는 동안 옆에 놀이방을 꾸며놓고 호주 선생님이 아이를 돌봐주니 공부하기에는 정말 좋은 기회였다. 그러나 나는 그 영어 그룹에서 교민인 주부 한 분을 만나면서 공부보다도 직업에 대한 열망이 더 불타올랐다.

그 주부의 남편은 매릭빌에서 Oyster Opener(굴 까는 직업)였는데 수입이 어찌나 좋은지 부유하고 행복해 보였다.

'그런 직업이라면 사실 남자보다 여자에게 더 어울리지 않을까?'

나는 하라는 영어공부는 안하고 책상에 앉아 하루 종일 공상만 하다가 그분을 앞세우고 현장까지 확인해 보기로 한 것이다. 생각한 그대로였다. 작업실에는 남자보다도 여자들이 많았는데 지붕이 있는 창고라는 것 외에는 한국에 어느 시장 안에 와있는 듯 질척질척한 곳이었다. 그 주부가 자기 남편에게 내 사정을 알리자 그 분은 즉시 책임자를 불렀다. 책임자는 아래위로 한참을 나를 훑어보더니 정말 일을 하고 싶으면 일하러 와도 좋다는 것이다. 문제가 있다면 새벽 6시부터 일을 하니 새벽 5시 30분에는 집을 나서야 한다는 것인데 일단은 월요일부터 근무하겠다고 하고 용기백배하여 돌아오니 아이들도 좋아했다. 엄마가 호주에서 돈을 벌어 장난감을 많이 사준다니 기대가 크겠지.

월요일이 되어 새벽 5시에 잠을 깨어보니 비가 왔다. 문밖은 칠흑처럼 너무 깜깜한 새벽이었다. 자동차도 없이(자동차는 남편이 써야 하므로) 그 새벽을 걸어서 나서야 한다고 생각하니 기가 막혔다. 어린 아들이 어떻게 알았는지 거실로 뛰어나와 내 치마폭에 감긴다.

"엄마! 엄마!"

빤히 올려다보는 어린것 눈에는 두려움이 그득 차 있었다.

'어느 날 갑자기 비행기를 타라 하더니 할머니 할아버지도 안 계신 만리타국에 내리라 하여 여기저기를 끌고 다니질 않나. 말도 안 통하는 영어선생님이 손을 잡아끌지를 않나. 그러더니 이젠 엄마가 일하러 간다고 이 어둠 속에 혼자 있으라고?'

수정같이 맑은 어린아이 눈에 반짝 이슬이 스친다. 사실 말이야 바른말이지, 어린 자녀들이 아무것도 모른다고 부모 마음대로 그들 인생을 너무도 당연히 좌지우지 했으니까….

"어렸을 때 같이 놀아달라고 그렇게 매달리던 아들을 달래서 돈을 많이 벌었어요. 이제는 아들과 아주 많이 놀아줄 수 있는데 아들이 다 커서 싫다고 합니다."

혼자 아들을 키운 홀어머니가 청년이 된 아들을 안타까워하며 털어놓은 슬픈 이야기이다.

결국 처음 시도해 보려던 타국에서의 부유한 생활에 대한 꿈은 그렇게 어이없이 포기되고 말았다. 그래도 미련이 남아서 영어 학교에서 배우는 영어가 시들해진다. 빨리 잘 살고 싶고 취직을 하고 싶은 마음만 간절해지니 어찌하랴. 마지막 금요일 영어시간에는 아예 결석을 했다. 그 동안 아는 분(장치선 씨)께 묻고 또 물어 좋은 직장으로 알려진 주소도 모르는 회사 약도를 머릿속에 정리하여 A.W.A 라는 회사를 직접 찾아가 취직을 할 수 있는가 알아보려고 집을 나섰기 때문이다. 큰 회사였기에 애쉬필드(Ashfield, 지역이름)에 위치한 회사를 찾는 것은 어렵지 않았다. 최진사댁 셋째 딸을 얻으려고 진사 댁에 뛰어든 칠복이 놈처럼 나 역시 무작정 사무실로 뛰어 들어가 직업을 얻으러 왔다고 머리를 조아렸다. 수더분하게 생긴 여사무원이 어떤 경력이 있느냐고 물었다.

경력이 있을 리 있겠는가!

아무리 생각해봐도 회사든 공장이든 캄캄하다. 그래도 경력이 없으면 안될 것 같아 "무엇이든지 할 수 있다"고 엉뚱한 대답을 하였다. 여사무원은 잠깐 생각하더니 '솔더'를 할 수 있느냐고 물었다. 솔더가 무엇인지 몰랐지만(지금도 모른다) 무조건 "해보겠다"고 했더니 미용실에서 쓰는 '고대기' 같은 것과 은빛 나사가 촘촘히 박힌 철판을 가져와서 들이댄다. 해보라고 기계를 들이대고 아무데나 눌렀더니 여사무원이 눈치를 채고 "안 되겠다" 라고 하면서 지금은 그 일밖에 자리가 없으니 다음에 오라고 미안해하면서 사무실로 들어가 버렸다. 그로부터 일주일 후 나는 또 그 자리에 갔다.

"다음에 네가 오라고 해서 왔다"는 것이 나의 변명이었다. 그 여사무원은 몹시 당황해 하면서 물었다.

"네가 할 수 있는 일이 뭐냐"고….

순간 나는 이곳이 전자회사라는 걸 떠올렸고 오래전에 고국에서 TV로 본 전자회사 내부를 그려 보았다.

"아, 나는 컨베이어 시스템이 있는 공장에서 일을 했는데…."

여자는 고개를 끄덕이더니 밝게 웃으며 그러면 월요일부터 근무할 수 있겠느냐고 물었다.

"물론이죠."

그렇게 해서 나는 취직을 했다. 월요일이 되자 큰아이는 학교를 가고 (초등학교 1학년) 작은 녀석이 문제였다. 다행히 집 근처에서 〈Happy Crown〉 이라는 유아원을 본적이 있었다.

도시락을 싸서 아이 손을 잡고 그 유아원으로 찾아갔다.

"내가 오늘부터 취직이 되어 아이를 맡기러 왔다" 고 보모에게 말하자 보모는 깜짝 놀란다. 적어도 6개월 이상을 기다려도 자리가 날까 말까하는 철저한 순위체제인 약속의 땅 호주에서 예약도 없이 불쑥 아이를 데려오니

기가 찰 노릇이다. 유아원 개원 이래 아마 이런 황당한 경우는 결코 없었으리라. 하지만 어쩌랴. 다급해 보이는 내 복장을 아래위로 훑어보고 내 안색을 살피던 보모는 정말로 딱해 보였던지 아이를 맡아주겠다고 하면서도 영 떨떠름한 표정이다. 그렇게 해서 나의 첫 직장생활은 시작되었다.

그 이후 아무런 마음의 준비도 없이 너무 일찍 느닷없이 해피 크라운에 맡겨진 어린 아들은 언어와 습관이 다른 첫 유아원 생활이 힘겨웠던지 '백일해'에 걸려 석 달 열흘을 앓으면서 기침을 하고 토하는 고통스러운 날들을 맞게 되어 나는 직장을 그만 두어야 하느냐 계속 다니느냐로 심각하게 갈등을 겪다가 백일이 지나 아이의 백일해가 완전히 멎게 되자 이번에는 내가 토하기 시작했다. 임신이라는 진단으로…. 다시 새 생명을 갖게 된 나는 너무 짧았지만 즐겁고 보람 있었던 타국에서의 첫 직장생활에 많은 추억을 간직한 채 아쉽게 끝을 맺을 수밖에 도리가 없었다.

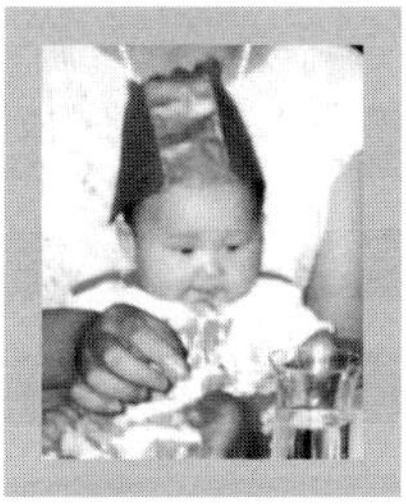

제 딸이랍니다

우리 집 책임자들

자명종 시계가 정확히 6시를 알리면 나는 총알처럼 튀어서 욕실로 들어선다. 졸린 눈으로 샤워기에 스위치를 비틀면 하루가 시작 되는 것이다. 따뜻한 온수로 아쉬운 잠의 미련도, 피로의 찌꺼기도 모두 흘려버리면 철저하게 시간에 길들여진 한 사람의 생활인으로 다시 습관 앞에 서게 되고 점심시간이 되어서야 열려진 창문사이로 질푸른 하늘과 흘러가는 새털구름 한 조각을 눈부시게 바라볼 여유를 갖게 되는데 그때야 비로소 나는 아침시간 동안 집에 남겨졌던 아이들도 떠올리게 된다.

언제나 처럼 녀석들은 아빠가 차려준 썰렁한 아침식탁에 앉아 TV를 정신없이 보다가 "빵…! 빵…!" 클랙슨을 눌러대는 스쿨버스 소리를 듣고 허둥지둥 뛰어 나갔겠지. '이빨은 닦고 갔을까!', '교복은 단정히 입었을까!', '방문은 제대로 잠갔을까? 아파트 열쇠는?' 온갖 상념으로 짧은 휴식이 혼란스러워 올 때 문득 아파트 열쇠에 생각이 이르자 나는 더 이상 웃음을 참지 못하고 웃고 말았다.

이제 겨우 Kindergarten이라는 유치원 과정을 다니고 있는 어린 녀석 때문에 엊그제는 얼마나 진땀을 뺐는지…. 사실 나는 아침 7시부터 시작하는 직장에 출근을 하려면 늦어도 6시 30분에는 어김없이 집을 나서야 한다. 아빠는 8시에는 출근을 위해 집을 나서야 하고 아이들은 8시 30분에 스쿨버스를 타게 되는데 아이들을 돌보고 등교시켜야 할 주부가 제일 먼저 집을 나서다 보니 도리 없이 아이들이 맨 나중에 남아 아파트 문을 잠그고 학교에 갈 수밖에 더 있겠는가. 그런데 문제는 또 제일 먼저 이 아이들이 아파트 문을 열고 집에 들어가야 한다는 사실이다. 결국은 초등학교에 갓 들어간 큰아들이 아파트 출입을 통째로 관리해야 하는 셈인데 이쯤 되면 아파트 열쇠야 말로 아이들에게는 귀중품 중의 귀중품이 되는 셈이다. 내가 직장을 다니면서부터는 어쩔 수 없이 그래도 형인 큰 아이에게 열쇠를 맡기게 되었고 나는 혹여 개구쟁이 녀석이 학교에서 놀이에 팔려 열쇠를 잃어버려 집에도 못 들어가는 일이 있을까봐 아예 열쇠에다 튼실한 끈을 달아 목에 걸어 주었다. 그래도 미심쩍어 신신당부를 하면서 우리 아파트 Charge(책임자)라는 직책(?)을 부여하면서 박수까지 쳐주며 부추긴 것 까지는 좋았는데 그 직책에 상당한 자부심을 가진 녀석이 얼마나 으스대는지 동생이 한번만이라도 아파트 책임자가 되어 열쇠를 목에 걸어보는 것이 소원이 되어버린 것이다. 당연히 큰 아이는 하루라도 없어서는 안 될 텔레비전과 침대, 그리고 책상 등이 있는 우리 집 재산을 관리한다는 차원에서 절대로 안 된다고 했음은 물론이다.

그런데 그렇다고 녹녹하게 물러설 동생이 아니었다. 난처하게 된 우리는 큰아이를 온갖 회유로써 단 하루만이라도 동생에게 Charge를 시켜 보자고 애원도 해보고 달래도 보았지만 사람이란 누군가가 자기가 가진 걸 탐내고 원하면 하찮은 것도 새삼스럽게 더 소중해 보이고 귀중해지는 게 심리이고 이치인지 이 녀석이 단호히 거절을 하지 않는가! 어르고 달래도 안 된 다는걸 알게 된 동생 녀석이 급기야는 일을 저지르고 말았다.

원래 새벽잠이 없어 늘 일찍 일어나는 녀석이 일어나자마자 형이 곤하게 자고 있는 사이에 형 머리 밑에 놓여있는 열쇠를 찾아 재빨리 자기 목에 걸었던 것이다. 금방 집안은 큰 소동이 벌어졌다. 열쇠가 없어진 것을 알아차린 큰 녀석이 대성통곡을 하고 작은 녀석은 기왕에 수중에 들어온 열쇠이니 죽어도 안 내어 놓겠다고 열쇠를 품고 악을 쓰고 울어대고…. 얼마나 들 대단한지 어린 녀석들이 벌이는 사건치고는 자존심까지 걸려있어 여간 미묘한 것이 아니었다. 도리 없이 두 녀석들이 모두 회초리를 맞고 학교에 갔던 그날은 생각 할수록 맹랑하고 또한 긴 하루였다.

그날 저녁 퇴근을 하면서 아빠는 열쇠를 하나 더 사왔다. 생각다 못한 아빠가 우편함에 고리를 만들어 열쇠가 하나 더 필요하도록 조처를 취한 것이다. 드디어 동생도 형처럼 열쇠를 목에 걸 수 있게 된 것이다. 모두가 대만족이었다.

우리 작은아들이 우편함 책임자가 되는 그날, 직책 수여식에 걸맞은 저녁식탁을 푸짐히 차려 녀석을 더 많이 축하해 주었음은 물론이다. 덕분에 우리 집 우편함은 유난히 반짝이는 새 자물통을 뽐내게 되었고 동생은 신이 나서 매일매일 부지런히 우편물을 정리하여 아빠를 즐겁게 해줌으로써 우리 집 꼬마 책임자들의 활약은 소문을 더하여 유명(?)해 지기까지 하였음을 고백한다.

생각해보면 사회가 발전하고 복잡해질수록 핵가족 사회에서 좀더 나은 내일을 기대하는 맞벌이 부부들이 늘어갈 수밖에 없다. 그런 맞벌이 부부에게서 자라야 하는 어린아이들의 고단함 또한 매우 가슴 아픈 현실임도 부인할 수 없다. 그러나 우리의 개구쟁이 녀석들은 그렇게 주어진 불안한 여건 속에서도 새롭게 적응하고 자라고 극복할 수 있는 지혜도 함께 여물어 가는가 보다.

5월의 태양이 더 한층 눈이 부시다. 빛나는 태양 아래에서 힘차게 운동장을 뛰어오를 전 세계의 모든 꿈나무 어린이들에게 격려의 뜨거운 박수를 보낸다.

내가 만난 월남전쟁 그 편린들

시드니에 와서 처음 아파트를 얻어 살기 시작한 곳이 Marricville (매릭빌, 지역이름)이라는 동네였다. 매릭빌은 알고 보니 시드니에서 가장 다양한 이민자들이 살고 있는 이민자 동네였고 특히 월남 사람들이 많았다. 우리 아파트 옆방 3호실에도 월남인들이 살고 있었는데 부모가 모두 전쟁터에서 죽은 소년 형제들이었다. 모퉁이 창을 통해보면 식탁 위에는 언제나 독한 향이 피어오르고 사과 몇 개가 접시에 올려져 있어 눈시울을 뜨겁게 했다. 소년소녀 형제는 좀처럼 밖으로 나오지 않아 궁금했지만 호주정부 이민자 프로그램에 의해 먹고 사는 데는 지장이 없는 듯했다. 자선구호 단체와 정부직원들이 자주 드나들며 어린 형제들을 잘 보살펴 주었기 때문이다. 그런데 이상하게도 매릭빌에서 거주하는 우리 교민들도 월남관련 가족들이 특히 많다는 것이다. 경상도 사투리가 아주 찐한 김씨 아저씨 가족을 처음 만나던 날, 나는 그 사실을 어렴풋이 확인할 수 있었다. 1980

년대는 월남전쟁이 끝난 지 그리 오래된 시절이 아니었다. 그러므로 호주에서의 월남전쟁은 여전히 끝나지 않은 스토리였다.

월남전쟁에 군인을 파월한 호주인들은 그 후유증 치료에도 온 힘을 쏟고 있었기 때문이다. 전쟁으로 고통을 겪는 고아들과 피난민들을 호주 땅으로 이주시켜 재생에 길을 열어 주었고 꾸준히 그들을 돕고 있었고 일부 파월 기술자들이 모국으로 돌아가지 않고 제3국인 호주를 선택하여 호주 입국 후 불법이민 신분으로 불안한 생활을 하는 사람들에게는 특별 사면기회를 주어 합법적인 신분으로 호주에서의 새로운 삶을 누릴 수 있는 재생의 길을 열어 주기도 했다. 고향이 경상도인 김씨 아저씨가 바로 그런 파월 기술자였다.

"내는요. 한국은 답답해서 영~ 싫은기라. 우짜요? 새로 온 젊은 아재요? 영어 좀 씨부릴 줄 아는교?"

야채가게에서 우연히 처음 만난 김씨 아저씨가 한국에서 금방 온 새내기 이민자인 우리에게 물은 첫마디였다. 그런데 이상했다. 처음 만난 동족에게 김씨 아저씨는 짓궂을 정도로 집요한 듯했다. 아니 집요하다는 표현은 적절하지 않을지 모른다. 뭐랄까? 간절히 우리와 다시 만나고 싶어 하는 눈치였나?

어쨌든 김씨 아저씨는 내일 당장 자기 집에 놀러 오라며 상세히 집 위치도 알려주고 전화번호도 적어 주고 꼭 올 것인가 다짐까지 받았다. 그날 저녁은 가슴이 두근거렸다. 이유 없는 친절에 대한 막연한 불안과 함께 까닭없이 복잡한 기분은 그리 상쾌한 느낌이 아니었지만 일단은 긍정적으로 생각해 보았다.

'김씨 아저씨는 무엇을 하는 분일까!'

한국이라는 나라가 세계지도에서 보면 분명히 작은 나라인 줄은 알겠는데 우리는 사실 답답한 것은 모르고 살아왔는데…. 김씨 아저씨는 우리가 상상도 못해본 대단한 분일지도 모른다. 이튿날 예정대로 김씨 아저씨 댁 아파트를 방문했다. 그런데 우리는 한국이 답답하다는 김씨 아저씨 댁 아파트가 너무 좁고 답답한데 놀랬다. 그런데 그건 또 아무것도 아니었다. 김씨 아저씨는 연세가 지긋해 보이는데 아이들이 너무 어렸다.

손님이 왔는지 어쩐지… 인사는커녕 쳐다보지도 않고 무관심하게 무작정 천방지축 뛰어 다니는 애들은 이제 겨우 초등학교를 입학했을까 말까였다. 곧이어 김씨 아저씨 부인이 방에서 인사를 하러 나왔는데, 아 아, 월남 여인이 아닌가! 할말도 없고 눈이 휘둥그레져서 놀라기만 하는 우리를 보자 김씨 아저씨는 빙그레 웃을 뿐이었고 그 월남 여인은 다소곳이 커피와 과자 한 접시를 탁자에 놓아 주고는 어색한 한국말로 "이야기 많이 나누세요"하고 방으로 들어가 버렸다. 동행한 남편도 상당히 당황 하는 것 같았다.

그러더니 이번에는 반대편 쪽방에서 부스럭 소리가 나더니 김씨 아저씨와 꼭 닮은 어떤 아저씨가 머리를 극적이며 나타나는 게 아닌가! 낮잠을 자고 나오는 듯 했다.

"오셨능교."

"동생임더."

김씨 아저씨의 말이 끝나기도 전에 동생이란 분이 인사를 마치고 털썩 소파에 주저앉는다. 처음 만난 남자 분들끼리 부산하게 통성명을 하고 소개가 끝나자 김씨 아저씨가 자기 집에 대해 자세히 설명을 해주었다.

"우리는 형제가 여기서 이래 같이 삽니더."

"제수씨도 월남 여자고…. 머 여자들이 미싱을 밟아 우리형제를 멕여 살린다캐야 옳겠지예."

정말 부인 둘은 좁은 아파트에서 커다란 공업용 미싱 두 대를 놓고 여기저기 일감을 산처럼 쌓아놓고 아이들 넷과 김씨 형제를 멕여 살리기 위해(?) 우리가 갔어도 돌아볼 틈도 없이 줄기차게 드르륵! 드르륵! 미싱을 돌리고 있었다.

"그란데 보소! 젊은 양반요. 우째 그 넓은 시드니 바닥을 두고 이리 오셨다요?"

'아하. 이분들이 궁금한 건 바로 그거였구나.'

김씨 아저씨가 성급히 묻는 질문에는 '여긴 사연이 있는 사람들이 오는데 혹시 너희는?'하는 의중이 묻어있는 듯했다. 그러나 우리가 여기 오게 된 동기는 매우 간단했다. 처음 시드니에 도착해서 호텔에 묵을 때였다. 시내 관광을 하다가 나중에 〈서울 양복점〉 주인이 된 노근호 씨를 우연히 뵙게 되었는데 그 당시에 그분들은 우리가 묵고 있는 호텔 근처에서 양복 부분 작업을 하셨다. 내외분이 인상이 좋으셔서 그분들에게 우리가 살 수 있는 동네를 추천해 달라고 부탁 드렸더니 매릭빌이 기차도 있고 시내도 가깝고 무엇보다도 물가가 싸서 젊은 부부가 아이들과 알뜰하게 살기에는 편할 거라고 추천을 해주셨다. 그때 우리는 처음 들어보는 그 동네이름을 잊지 않으려고 수첩에다 〈매릭빌〉이라고 적어 넣고는 아는 교수님과 함께 집을 보러 다녔는데 교수님은 썸머힐에 사셨고 매릭빌은 바로 그 이웃 동네였다. 결국 썸머힐에는 마땅한 빈 아파트가 없었고 매릭빌에는 빈 아파트가 많아 쉽게 결정을 했는데(이민자들이 많이 살아서) 그런 이민자촌 매릭빌에도 살아보았기에 우리는 호주에서 살아가는 법을 더 빨리 터득할 수 있었던 게 아니었을까 하고 그 후에 종종 떠올려보며 추억하곤 했었다.

길에서 만나는 동양 사람에게는 무조건 다가가 "안녕 하세요"하고 공손히 인사부터 하는 진풍경은 매릭빌이 아니면 어려웠을 것 같다.

그렇게 인사를 하면 우선 서로 한국인이라는 것을 바로 확인할 수 있게 된다. 그 다음은 자연스럽게 '어느 길에 사는지'를 묻게 되고 그 다음 질문은 한국에서 '어디에서 살았는지' 고향 확인 절차, 그 다음은 지금 직업이 있는지 없는지 등등 처음 보는 사람들 끼리 왜 일일이 개인 신상명세를 알고 싶어 하는지 이상하게 생각되겠지만 그때는 그것이 절대 이상한 것이 아니었다. 자세하게 물을수록 서로에게 무엇이 필요한지 파악하게 되고 도움이 필요하든지 도움이 되겠다 싶으면 즉시 그 자리에서 연락처를 주고 받는 것이 당연한 수순이었다. 그렇게 해서 교민들 끼리 빨리빨리 교류가 이루어졌고 다급하게 타국에서 먹고 사는 문제를 서로서로 해결해 줄 수도 있었다. 먼저 온 사람들이 뒤에 오는 동족들을 이끌어 주는 것은 7~80년대 호주 이민사의 불문율이었다. 그렇게 김씨 아저씨와 우리 가족도 길에서 만나 그 다음 날 바로 집으로까지 찾아간 사연은 그런 맥락에서 이해되어야 할 것이다.

그 후 남자 분들 셋이서 한동안 이런저런 이민이야기들로 대화가 길어지자 나는 김씨 아저씨 형제가 줄담배로 피워대는 자욱한 담배 연기와 두 부인들이 밟아대는 미싱 소리로 머리가 지끈지끈 아파오기 시작했다. 창 너머에는 여름이 가고 있었다. 그런 나의 상태를 짐작이라도 했는지 큰 김씨 아저씨가 불쑥 화제를 바꾼다.

"월남은 패망은 했어도 참말로 살기 좋은 나라였제요. 아, 이모작 하는 논에서는 억세게 살(쌀)이 수확되는 기라. 논배미에는 팔뚝만한 생선들이 펄뜩펄뜩 뛰는 기고. 생선이 얼매나 많으믄 글씨 얼라를 낳고도 미역국을 안 묵고 간 생선을 묵는기라. 기후가 좁으니(좋으니)과실도 지천이고, 젊은 처자들도 많았제…."

"내사 머, 한국에서 혼인한 몸도 아니었고…. 전쟁통이 아니었겠나? 래일(내일) 죽을제 오늘 죽을제 모르는디 전신이 묵을 것이 천지 새삐랐는디 배는 부르고 우째 회가 안동하고 배기겠나?"

"…?"

"그 참에 너도 나도 월남 각시 안 거두믄 행세를 못 한기라. 체격 좋고 잘 생기고 기마이 조흔 한국남아들 참말로 잉끼 최고였데이. 우리가 호주로 간다고 오이(오니) 월남 처자들 죽기 살기로 난민선까지 타고 좇아와 이리 만나 사는 카플(부부)이 천 명은 조이 될 끼라. 이제와서 우얄끼고?"

자랑인지 푸념인지 목에 핏대를 세우고 목소리를 돋구어 파월 기술자로 월남에 있다가 호주로 들어와 이곳에 정착한 구구절절한 사연을 들으니 참 황당하고 어리둥절하다.

'기마이 좋은 한국남아 사정이 변해도 너무 변한 게 문제지만….'

"안기사, 그 양반도 무조건 욕할 수만은 없는기라."

"아니, 그 야그(이야기)는 또 무하러 하십니꺼."

잠깐 한숨을 쉬고 내뱉는 형님 말에 형님에 비해 말수가 적고 차분해 보이는 동생이 정색을 하고 말린다.

"아, 이자 갓 이민 온 사람들이 이곳 사정은 알아야 안 되겠나!"

갑자기 핏대를 세우고 거칠게 나무라는 말에 모두 놀랜다.

"아. 말씀해 보시죠~."

분위기가 금방 험악해지자 남편이 얼른 한마디 거든다.

"안기사라 카는 사람이 있었는데?"

갑자기 말소리가 은근해진다. 이제부터 드디어 본격적으로 월남부인과 사는 동류들의 이야기를 보따리 채 풀어놓으려나 보다.

"그 사람이 월남에 있을 때 한국에 처자가 있었던 기라."

"참~내."

동생은 떨떠름한지 체념하듯 다시 담배를 꺼내 불을 붙인다.

"뭐, 처자가 있다케도 월남에서는 다 그렇고 그래서 얼라(아이)까지 낳고 살림 안 했씸껴?"

"?"

"그래도 안기사, 그 사람은 한국에 있는 처자를 호주로 수속해서 데려왔다 이겁니다. 와?(주먹을 부르르 떤다) 안 그런 사람도 많았거든. 어떤 사람들은 젊은 월남여자 하고 살라꼬 한국에 있는 본처는 버리고 아아들(아이들)만 데려와 안사나?"

"많심더."

동생이 듣고 있다가 고개를 끄덕이며 대화에 끼어든다.

"그래서요?"

우리도 침을 꼴깍 삼키고 다그쳐 묻는다.

"안기사 그 사람은 팍~ 죽어 버렸심더."

"아, 아니, 왜요?"

"자살한 기라요, 가족 모두 쥑이고 지도 말임더 불쌍한 월남여자 버린 죄라요."

어쩐지 내용이 이상해진다.

"본처와 아아들이 즈 아부이를 억수로 싫어했다 아닌교."

큰 김씨는 한참을 숨을 몰아 쉰다.

"속편할끼라예, 쥑음(죽음)은 아무 것도 몰라예."

"……."

나는 김씨 아저씨 가슴속 깊이 흐르는 고뇌를 보았다. 정에 약하고 다정다감한 두 김씨 아저씨 성격을 모조리 들켜버린 뜨끈한 대화 속에 나도 같이 만감이 교차한다.

'혹시 월남 여자와 산다는 자포자기로 사는 것이 싫으니 일도 하기 싫은 것은 아닌지…. 아니지, 월남 여자와 혼인해서 사는 게 어떻다고….'

나 혼자 분주히 쓸데없는 상상으로 고개를 주억거려 보았다.

그 후 나중에 들은 이야기로는 당시 젊은 월남부인과 살게 된 한국남성들 몇몇이 가정을 저버린 비윤리적인 생활로 알려져 교민사회에서 비난을 받고 있었고 남의 이목을 피하다 보니 월남이라는 말만 들어도 괜히 피해의식을 갖게 되었다고 한다.

이야기는 그렇게 생각보다 단순하게 끝났다.

일감이 산처럼 쌓인 보따리 사이를 이리저리 철없이 뛰고 뒹구는 어린 것들이 갑자기 애처로워 보였다. 미싱 일감들과 네 명에 자녀들로 미어터지게 생긴 답답한 김씨 아저씨 아파트 문을 나서며 나는 문득 이솝 우화에 나오는 〈신 포도 이야기〉를 떠올려 보았다.

여우가 포도나무 밑에서 까맣게 익은 포도를 맛있게 따먹고는 맨 꼭대기에 매달린 따먹을 수 없는 포도를 향해 생각했다.

'저 포도는 분명히 시고 떫을 거야.'

보리죽을 먹어도 좋은 곳이 고향이라는데 작아서 답답한 한국이 아니라 처음 본 그 누구에게라도 속 시원히 자신을 털어놓고 변명이라도 질펀하게 해야 속이 좀 풀릴 것 같은 김씨 아저씨 가슴이 너무 답답한 것은 아니었는지….

나는 지금까지 호주에서 그들과 같이 살아가면서 각양각색의 그 쪽 이야기들을 듣고 또 같이 겪었다. 문제는 월남에서 호주로 들어온 분들 중에 일부가 부인은 한국에 버려두고 아이들만 데려온 사람들이었다. 10년 세월이 흐르는 동안 선택의 여지도 없이 어머니를 잃게 된 그 아이들이 자라서 고국에 버려진 어머니들을 잊지 않고 속속 호주로 입국시킴으로써(성인자격으로 초청) 희생당했던 어머니들은 그리던 자식들과 다시 호주에서 합류하여 늦게나마 웃음을 되찾게 되었지만 아버지들은 월남부인들과 헤어진 분들이 의외로 많아 전쟁으로 잉태된 비극이 얼마나 큰 파장으로 오랫동안 고통과 상처를 남기게 되었는가를 보여준 쓰라린 결과가 되어 버렸다.

이제 그 사연들은 싫든 좋든 우리 호주교민사에 빼놓을 수 없는 한 장이기에 그렇게 아팠던 월남전쟁 그 편린들을 단편적이지만 간단하게나마 이렇게 지면을 통해 증언한다.

(생일 1) 봄이 오는 소리

삶 중에서

한 생명을 잉태하여 탄생시키는 순간보다 완벽한 시간이 있을까!

나는 호주에서 딸을 출산했다. 아들이 둘이나 있었지만 호주로 이주한 이후로는 늘 외로움에 허덕이게 되었고 그 외로움이 싫어 지쳐가던 시기였다. 두 아이를 학교에 보내고 나면 아이들이 돌아올 때까지 기다리기가 너무 지루하여 아이들이 다니는 학교 앞 길섶까지 나가 잔디밭에서 푸른 잔디를 쥐어뜯으며 시계를 보곤 하였는데 하루 이틀도 아니고 견디기 힘든 날들이었다. 그렇다고 가사 일에 열중할 만큼 살림이 크거나 집안이 넓은 것도 아니고 공부나 취미생활을 시작해 보기에는 처음 만난 시드니라는 도시가 거대한 공룡처럼 무시무시하고 공포스럽게만 느껴질 때였다.

자동차 없이는 단 몇 발자국도 앞으로 나갈 수 없는 생소한 도시. 왠지 내게 영원히 정복될 것 같지 않은 괴물같이 생경한 도시 한 자락을 붙잡고

노여워하던 일상 그 즈음에 느닷없이 셋째를 임신하고 보니 이제는 그 도시를 향해 달리는 급행열차에 아무런 대책도 없이 얼떨결에 올라탄 것과 같은 결과가 되고 말았다. 이곳 관행에 따라 홈닥터(가정의, 주치의)를 만나 혈액 검사를 시작으로 임신 사실을 공인받으면서 마지막으로 출산이라는 종착역에 도착할 때까지 전혀 예측할 수 없는 미지의 세계를 향한 여행은 그렇게 황당하게 시작되었다. 처음 시작한 혈액 검사는 임신여부와 산모의 건강상태를 체크하는 중요한 기본 자료가 되는데 심각한 질병이 없으면 홈닥터가 산부인과 병원을 지정해 준다. 나는 호주친구의 의견에 따라 시내 패딩턴(지역이름)에 위치한 Royal Woman's Hospital(왕립 여성병원)을 지정 받도록 하여 결정하였는데 이때는 설상가상으로 내가 직장까지 얻은 뒤였고 외롭다는 생각은 어제 이야기로서 시작부터 상당히 혼란스러웠다.

무료했던 일상탈출과 자기발전의 기회를 그렇게 원하고 기다렸던 직장과 전혀 기대도 없었고 생각지도 않았던 임신이 두세 달 사이에 겹치기로 내게 얹혀져서 직장과 두 아들과 가사 일까지 너무너무 바빠진 때문이다. 더구나 알고 보니 패딩턴 병원은 자동차 없이는 가기 어려운 상당히 교통이 불편한 곳에 위치해 있는 것이었다. 그 병원을 한 달에 한번씩 꼬박꼬박 시간 약속을 하고 가서 산부인과 의사를 만나야 한다는 것은 차도 없고, 운전도 못하고 직장도 가야 하는 내 처지로서는 딱하기만 했다. 정기검진을 가려면 나를 병원에 데려가기 위해 남편까지 동시에 직장을 빼져야 하는 사정도 사정이지만 혈액검사 결과가 안 좋아 재검사까지 하여 심한 빈혈로 체크된 나는 병원에서 꼬박꼬박 철분 약을 받아먹으며 상태를 체크하기 때문에 한번도 병원을 빠져서는 안 되기 때문이었다.

메디케어라는 의료보험으로 모든 것이 커버되어 약까지도 무상으로 지급되는 병원에서는 관리 또한 엄격했기 때문에 임산부로 등록된 이상 나는 이미 내가 아닌 정부 보건 행정체제를 수행하게 되는 한 부분으로 무조건 지시에 따를 수밖에 없었다. 훗날 아이가 태어나고 병원에서 퇴원하게 되면 아이는 거주지역 Baby Care Center(아기 관리소)로 병원에서 자동등록된다는데 만약 베이비 케어 센터에서 지정된 날짜에 아기관리를 받지 않으면 고발된다는 설명을 처음 들었을 때에는 더 아연실색, 거미줄 같은 행정체제가 놀랍기도 했지만 어이없기도 하여 함부로 임신하면 안 되겠다는 공포심마저 유발시켰다.

그 모든 행정이 좀 불편하고 구속적인 느낌도 있었지만 차세대를 건강하게 키워내기 위한 정부차원의 노력임을 인정하면서 그럭저럭 날짜가 지나 임신 4개월이 되자 나에게 태아 조기진단에 임하라는 지시가 내려 졌다. 조기진단은 태아의 건강상태를 세밀하게 검토하여 기형아나 혹은 미숙아로 판명될 경우에는 빠르게 대처한다는데 목적이 있다. 약 40여 종의 정밀 사진을 찍는데 태아의 신체 부분 부분을 모두 단층 촬영하여 일일이 정상크기를 검사하고 대조하여 정상유무를 판독한다. 따라서 태아의 성별이나 출산일자 등은 부수적으로 얻어지는 의료기능의 일부분일 뿐 진단목적과는 무관하다. 그밖에 기억에 남는 특이한 사항으로는 모든 임산부들에게 주의사항이 적혀있는 소책자를 주었는데 임신기간 동안 술이나 담배 또는 마약은 절대 금하고 콜라와 같은 탄산음료 등은 비타민을 파괴하므로 피하라는 것을 주요 골자로 한 일반적인 내용 외에

「당신이 10대 라면우유를 두 배로 마셔라.
왜냐하면, 당신도 자라야 하므로….」

이런 공식적인 구절이 있어 매우 자극적이었고 눈길을 끌었다. 알고 보니 이곳에서는 결혼할 수 있는 법적 나이가 16세(Sweet Sixteen)이기 때문에 10대 산모들을 위한 프로그램도 잘 발달되어 있다는 것을 알게 되어 놀라기도 했다.

또한 산모들을 위한 교육이나 모임, 건강 프로그램이 많이 있다고는 하지만 나에게는 어림도 없으니(해당사항 없음) 이렇게 해서 나는 호주에 와서 두 번째로 Medicare라고 하는 의료 혜택을 받아보는 셈인데 첫 번째 사정은 우리가 호주공항에 도착해서 입국수속을 할 때 공항직원이 마지막

으로 서류 한 장을 주었는데 그 내용은 호주에 도착한지 1개월 내에 아플 때는 그 서류를 가지고 의사에게 가라는 안내용지였다. 그런데 정말 호주에 도착한지 1개월이 안 된 어느 날 시내 어느 은행 앞을 지나가는데 웬 호주인이 우리를 불러 세웠다. 알고 보니 그는 그 은행에 매니저였고 여행자 차림이 틀림없는 우리 가족을 보자 우리를 도와줄 것을 자청한 것이다. 이것저것 우리 신상에 대해 자세히 물어서 우리가 호주에 장기 체류하게 될 것 같다는 설명을 하자 즉시 전혀 들어본 적이 없는 의료보험 서류를 신청해 주어 며칠 후 집으로 배달된 플라스틱 카드를 보고는 놀란 적이 있었다(1984년도였고 카드라는 것은 본적도 없었으므로).

아마 그 호주인은 어릿어릿한 키 작은 동양인 부부 손에 양쪽으로 아슬아슬하게 매달려 따라다니는 어린아이 둘을 보니 앞으로 호주에서의 생활이 불안하고 걱정이 되었던지 건강이라도 꼭 챙기라는 그 나름대로의 친절이고 배려였던가 보다. 어떻든 그 후에 내가 등에 종기가 나서(벌레에게 물렸다)어쩔 수 없이 병원이라는 데를 갔는데 치료를 받은 후 그 카드를 요구하여 보여주고 하라는 대로 사인까지 했건만 병원비를 안받는다기에 이제나 저제나 집으로 요금 청구서가 날아오기를 기다렸다(외국은 병원비가 비싸다고 들어서).

그래도 소식이 없어 할 수 없이 호주친구 존에게 연락하여 물었더니 "병원비 청구서는 영원히 오지 않을 것이다"라고 대답하는 것이 아닌가. 그것이 바로 우리가 받은 의료혜택의 첫 시작이었다. 그때만 해도 우리가 살아온 삶의 무료혜택이란 정말 꿈같은 이야기였으니까. 이쯤 되면 '복지사회'라는 단어를 써봄직 하다고 감사히 생각하며 순한 양이 되어서 산달까지

가보기로 하였다. 그런데 점점 몸이 무거워지자 담당 의사는 내 체중에 상당히 민감해서 만날 때마다 보챈다.

"당신 체중이 상당히 나가는데 식이요법이 안 되면 입에 테이프라도 붙여야지 안 되겠네."

매우 힘든데 왜 체중은 더 늘까? 직장도 사직을 하였다. 정기검진을 받으러 꼭 가야만 하는 병원이 초기엔 한 달에 한번씩 갔는데 다음 단계에선 한 달에 두 번을 그 다음부터는 일주일에 한번씩 관리를 받으러오라니 어디 직장인들 편안하게 다닐 수 있는가 말이다.

체중 때문에 무던히도 고민하던 어느 날 우리는 우연히 그 이유를 알았다. 서양 사람들의 갓난아기 체중은 보통 3킬로를 넘지 않는다는 것이 그 포인트였다. 우리나라 아기들 신생아 보통 체중 3킬로 이상과 상당히 비교되는 수치를 확인한 것이다. 체격이 큰 서양 사람들이 의외로 아기 때는 매우 작다. 작게 낳아 크게 키운다는 말이 그대로 들어맞는 셈인데 신생아 때 보통 체중이 3킬로 이상인 동양인의 골격을 어찌하랴? 어떻든 태중에 체중을 늘리지 않는 것이 출산을 위해 좋은 줄은 알지만 체중조절을 위해 임신 중에 생활패턴을 바꾼다는 것도 쉽지는 않았다.

그렇게 실랑이도 해가며 시간은 흘러 흘러 예정된 날짜가 다가오자 남편은 직장에 두 주일간 출산휴가를 내고 집안정리를 도와주었다. 병원에서는 이제 때가 되었으니 배가 아프면 오라고 했는데 하루, 이틀 그리고 며칠이 지나도 출산의 징후는 보이지 않는다. 그래도 경험이 있는 나는 "내일 아니면 모레쯤에는 낳겠지?" 하면서 그 동안 미루었던 시드니 이곳저곳을 휴가인 남편과 기웃거리며 다니다 보니 어느새 약속된 두 주일이 그냥 지나가게 되었다. 결국 휴가 마지막 날인 것을 확인하게 되자 남편이 당황해서 투덜거린다.

"도대체, 언제쯤 낳게 되는 건데? 내일 직장에 가서는 뭐라고 이야기 하지?"

"?"

오후가 되자 불안하기도 하고 아무래도 좀 이상한 듯 하여 병원으로 향하였다.

병원에서는 금방 비상이 걸렸다. 간호사가 즉각 나를 검사실로 안내하고 무전기로 의사가 연락을 받고 달려왔다. 모두들 긴장하여 태아의 움직임을 감지해 보려고 열중인데 태아는 반응이 없다고….

얼굴이 새빨갛게 변한 의사가 남편을 노려본다.

"당신이 남편이오?"

사태가 매우 험악해지자 나는 정말 쥐구멍이라도 있으면 숨고 싶은 심정이 되었다.

'경험을 너무 믿고' 불안해 하는 나를 보자 의사가 내 등을 토닥거려 준다.

"안심하오. 산모는 괜찮은데 이렇게 되면 태아가 위험 하지."

그러면서도 의사는 계속 힐끔힐끔 남편의 거동을 눈 여겨 흘겨보면서 경계의 눈초리를 늦추지 않는다. 다시 검사를 시도해 본 결과 태아가 잠들어 있는 것 같다는 잠정 결정에 즉시 출산책임 간호원이 호출되어 오고 나는 즉각 그 쪽으로 인도되어 입원되었다.

남편은 집으로 보내져 개인적으로 필요한 일용품을 가져오게 하고이튿

날 새벽부터 진통도 없이 유도된 출산은 쉽지 않아 척추마취를 두 번씩이나 하면서 오후 3시가 넘어서야 위기를 넘기고 탈 없이 건강한 딸을 얻게 되었다. 9월 5일 그날은 눈부시게 환한 날이었다. 희망의 새싹을 틔워 꽃으로 피워낸 도시 시드니는 이제 우리 어린 딸아이의 고향이 되었다.

그 해 9월의 봄은 그래서 더욱 아름다웠고 의미 있는 우리의 계절로 두고두고 기억되고 있다.

(생일 2) 떠오르는 별들

먼 바닷가였다. 잔잔한 은빛 바다에 이따금씩 갑자기 광풍이 일어 집채만 한 파도가 가루비누를 풀어놓은 듯한 하얀 물보라를 내 온몸에 흠뻑흠뻑 끼얹곤 했다. 그럴 때마다 나는 외마디 소리를 지르며 눈을 감았는데 놀랍게도 내 몸은 물에 젖지를 않는다.

다시 큰 파도가 밀려올까봐 조바심을 하면서 멀리 그림처럼 떠있는 하얀 돛배를 향해 발을 구르며 애타게 손짓을 하여 불러도, 불러도 돛배는 무심하기만 하다.

꿈이었다.

"아아, 간호원이 그녀라는 표현을 썼어요. 혹시 딸을 낳는 것이 아닐까?"

현이 나직이 가쁜 숨을 몰아쉬며 내 손을 잡는다. 열기에 들뜬 그녀의 손은 가늘게 떨고 있었다.

"그럴 리가 없을 거야. 나는 바다를 보았어."

번개처럼 뇌리를 스쳐가는 꿈….

오늘 이렇게 현이를 만나려고 어젯밤 꿈속에서 나는 밤새 애를 태웠든가 보다.

'보통 바다를 남성으로 표현 하고, 배는 여성이라고 하던데 바다에는 배도 있었는데….'

아이를 낳는 순간에는 누구나 아들이든 딸이든 순산하기만을 바란다는데 집요한 이 산모는 계속 아들만을 고집한다. 그렇다고 딸이 있는 것도 아니면서….

오늘 아침 갑자기 Blacktown(병원) 담당자에게서 호출 전화가 왔다.

"지금 빨리 병원으로 와 주세요. 아이를 낳을 산모가 당신을 원합니다."

"맙소사!"

하늘이 노래진다. 단순한 문병차원이 아니라는 것을 알았기 때문이다. 피할 수 없다는 것도 알았다.

'요즈음 내가 우연히 문병을 가느라 병원을 자주 드나들긴 했지만…. 아이를 낳는 일은 영화에서 밖에 본적이 없는데…. 내가 허가 난 산파도 아니고 아직 아이를 받기는 이른 나이 아닌가? 어쩐지 어젯밤 꿈이 심상치가 않더라니….'

"궁시렁~ 궁시렁~" 불안한 마음으로 집을 나섰다.

차에서 내려 병원이 보이자 겁이 덜컥 나서 다리가 후들거리고 눈앞이 캄캄해 진다. 병원 문밖에서 현이 남편이 초조히 기다리고 있다가 반색을 한다.

“아빠 되실 분이 들어 가셔야지 이러시면 어떡해요?”

겁먹은 목소리로 항의를 하자 그는 아예 한술을 더 뜬다.

“나 죽어요~!”

손사래를 치면서 숨까지 헐떡거리면서….

“저는 못 들어가요. ~죽어도 못 들어가요! 부탁합니다~”하고는 쏜살같이 도망을 가버리는 것이 아닌가.

이곳 호주 병원에서는 산모가 아이를 낳을 경우 보통 남편이 함께 지켜보는 것이 통례로 되어있다. 현이는 호주에서 알게 된 친구의 올케였다. 친구는 늘 바빴고 현이는 그런 시누이보다 나와 더 자주 만나서 정이 들었던 터였다. 그렇다고는 하지만 며칠 전에 한국에서 현이의 친정어머니도 첫 외손주를 보시기 위해 일부러 와 계셨고 남편도, 친척도 있으니 현이의 출산에 대해서는 내가 신경 쓸 일이 아니었다.

그러나 어찌 하랴!

병실 문을 열고 들어가자 간호원이 반기며 푸른색 병원복 일체를 내준다. 모자와 덧신까지 중무장을 하고나니 오히려 마음이 담담해진다. 덧문을 열고 다시 커튼이 드리워진 침대 쪽으로 다가가서 빼꼼히 커튼을 열자 현이가 피식~ 웃는다.

“어휴, 웃음도 나오겠다.”

어이없어 하는 나를 보고 더 재미있어 하는 현이….

‘그래, 출산은 행복이고, 축복이지. 많이 고통을 겪게 될 산모에게 용기

를 주자.'

시간이 흐르자 현이의 몸은 진통의 파장을 알려주는 기계로 온몸을 감고 컴퓨터 모니터와 수치를 알리는 그래프가 쉬지 않고 움직인다. 진통의 간격이 급박해지자 의사가 들어오고 현이는 내 어깨와 팔을 잡고 몸부림을 친다.

나는 입이 계속 하얗게 타 들어가다 못 견디겠던지 입안에 혓바늘이 솟는다. 일각이 여삼추라더니 진통의 시간이 너무 무섭다. 한 순간 한 순간 고비가 올 때마다 현이와 나는 같이 자지러진다.

"아무래도, 아무래도 못할 것 같아요."

현이 헐떡거리며 절망적으로 외친다.

"무슨 소리야? 남들도 다 이렇게 낳았을 텐데. 못한다면?"

현이의 풀려진 눈에서 잠시 빛이 났다.

"그래, 할 수 있다."

땀으로 범벅 된 옷이 젖었다 말랐다 해서 어석어석 소리를 냈다. 산고를 치르는 현이의 얼굴이 몰라보게 핼쑥해졌다. 눈 뜨고는 그 고통을 차마 못 볼 지경이었다.

"아~아악."

천둥과 함께 다가온 진통….

의사가 소리친다.

"다음에 오는 진통이 고비다. 힘을 모았다가 한 순간에 힘을~."

"아~아악~"

의사의 말이 채 끝나기도 전에 진통이 왔고 그리고 아이를 낳았다.

딸이었다.

아이가 앙앙 우는데 현이는 고개를 옆으로 돌린다.

"아들은 다음에 낳아야지. 뭐."

스스로를 달랜다. 순간, 왜 나도 실망이 될까? 어머니가 되면 누구나 딸을 낳고 운다든가…. 똑같은 산고를 그 딸도 겪을 것을 알기 때문에…. 집으로 돌아오는 발길이 무거웠다

일주일 동안 끙끙 앓고 입안이 까실까실하여 밥을 잘 못 먹는 상태가 한 달쯤 갔다나? 역시 산고를 치루었으므로….

1년 6개월 후 나는 똑같은 그 자리에 또 불려갔다.

"이제 다시는 나, 그런 곳에 안 갈거야."

수도 없이 장담을 하고 다짐을 해왔건만….

"빨리 병원으로 와 주세요. 아이를 낳을 산모가 당신을 원 합니다."

어찌 하겠는가!

또한 그 동안 산모가 혈압이 높아 며칠 동안이나 병원에 미리 입원하고 있었던 걸 알고 있었던 처지였다. 혈압이란 겉보기엔 멀쩡하여 현이는 멀뚱멀뚱 병원에 입원한 채 잘 지내는데 어린 딸애와 직장과 가사를 전부 떠맡은 아빠는 더 야위어 보기조차 민망했던 것이 그 즈음 현이네 사정이었다.

"만약에 또 딸을 낳으면 어쩌지?"

병원으로 갈 준비를 하다 말고 생각하니 큰일이다. 산모에게 위로가 되어야 할 텐데…. 정말 어찌 하리….

남편도 근심스럽게 쳐다본다. 첫아이 엔젤라는 아빠를 그린 듯이 닮았다. 귀여운 엔젤라는 떠올리니 웃음이 나온다.

'자식인데, 딸이 둘이면 어때! 하나보다 낫지….'

병원 문밖에서 엔젤라 아빠가 기다리고 있었다.

"어서 오십시요."

왠지 엔젤라 아빠 얼굴이 오늘따라 더 길어 보인다.

'역시 긴장 하고 있나 봐.'

지난번과는 달리 더 이상 말이 없다.

엔젤라를 낳아본 때문인지 이번에는 현이도 고통을 많이 참는다.

"간호원이 아기 차트 용지를 푸른색으로 준비해 놓았어요."

"아들일까?"

대단한 관찰력이다.

그 아픈 와중에

"틀림없을 거야. 그런데 말야."

"네…."

"아들은 뼈가 딸보다 단단하여 조금 더 힘들다던데…. 괜찮겠어?"

"그럼요~."

현이의 얼굴이 금방 밝아진다.

"아까 간호원이 말하는데 아기가 좀 클 수도 있다고 하네. 마지막에 잘 해야지?"

"그럼요~."

우리는 이미 Experience(경험)가 있지 않은가! 잘 맞는 팀처럼 마치 회의를 하듯 조목조목 정리해 나갔다. 마음이 통했고 또 서로를 깊숙이 읽고 있기 때문이었다. 모든 것이 순조로웠다.

그러나 고통은 처음과 똑 같았다. 그만큼은 꼭 겪어야만 하나보다. 나의 초조함도 똑 같았다.

아들이었다.

우리는 서로 보고 웃었지만 똑같이 또 한 달을 앓았다. 엔젤라는 유난히 아기 때부터 낯을 가렸다. 누구도 그녀 근처에는 얼씬도 할 수 없었다. 그런데 나는 예외였다. 이상하지? 아기들은 처음 태어날 때 만난 사람의 냄새를 평생 기억한다는데 그래서 그럴까!

'엔젤라와 제이슨' 남매가 또랑또랑 잘 자라는 것이 대견스럽다.

동백꽃이 막 봉우리를 터뜨릴 때였다. 며칠이 지나도록 영주는 아이를 낳았다는 소식이 없었다.

'어쩌나…. 어머니는 부산에 계시고 아기 아빠 될 분은 호주에 없으니.'

영주는 호주 영주권자였다. 그러나 한국에 나가 결혼해서 살다가 아이에게도 호주 국적을 주려고 아이를 낳기 위해 일부러 호주에 들어와 있었다. 호주에는 아버지와 남동생, 그리고 아직 소녀인 여동생이 있었다. 어머니 친구분들은 모두 한번씩 영주가 입원한 병원에 위로차 다녀가신 모양이었다. 나 역시 딸의 학교수업이 끝나면 딸을 데려와야 하므로 그때 병원에 들려 보리라.

'세영이를 귀여워하던 언니였으니 혹시 위로가 되려나?'

일부러 세영이와 같이 가려고 시간을 맞추었다.

'무슨 문제 일까.'

Manly Hospital(지역이름) 산모 병동에서 이름을 확인하고 병실을 찾으니 대학생인 영주 남동생이 병실 밖에서 떨고 있다. 한눈에도 급박한 사태임을 알 수 있었다. 얼른 병실 문을 열고 들어서자 자매는 나를 보자 울음을 터트린다.

"도와주세요."

세영이를 얼른 영주 남동생 편에 서둘러 집으로 보내고 나는 또다시 푸른 가운으로 갈아입었다.

'이것이 무슨 운명이란 말인가.'

그러나 사정은 내가 신세 한탄이나 할 만큼 여유롭지를 못했다. 현이와 비교할 수 없을 만큼 사태가 심각했다. 시간도 더 오래 걸렸다. 아기의 위치가 안 좋아서 진통을 해도 소용이 없었다. 도리 없이….

절개범위를 넓혔다. 그러자 아이 어깨가 보였다. 머리도 아니고, 다리도 아니고 어깨라….

모두가 당황했다. 의사는 다시 아기를 밀어 넣었다. 시간이 문제였다. 이젠 촌각을 다투는 사투…. 만약 아이에게 산소부족 사태가 온다면 낭패이다.

의사의 손놀림이 급해진다. 지켜보는 나도 숨을 멈춘다.

어느 순간 회색빛 머리털이 보인다.

"와아~"곧 바로 아기울음소리가 들리자 영주 동생과 나는 서로 부둥켜 안았다.

딸이었다.

"감사합니다. 감사합니다…."

자꾸 감사하다는 말만 흘러나왔다. 정말 보면 볼수록 귀엽게 생긴 아기였다. 영주의 배는 아이 낳기 전이나 이후나 똑같이 부풀어 있었다. 뱃속

을 너무 휘저어서 그렇단다. 뚱뚱 부어서 걷지도 못할 만큼 힘들어하는 영주만큼 나 역시 또 앓았다.

"연수, 그 녀석. 우리 영주 때문에 고생이 많았지요?"

전화통에서 울려 나오는 목소리는 첫 외손녀를 본 할머니의 행복한 비명이었다. 영주가 연수(아기 이름)를 한 달 키워 한국으로 돌아가자 부산서 영주 어머니께서 종종 전화로 연수소식을 전해 주신다.

'살다 보니 3번씩이나 내게 새 생명을 축복할 수 있는 감사의 기회를 주시고….'

창밖에는 봄꽃들이 활짝 피어 웃고 있는데 어느새 하루가 저물어 하늘 저쪽에는 여름을 재촉하느라 부지런한 별들이 떠서 유난히 반짝이고 있다.

"사랑의 전설"

뉴질랜드의 로토루아(Rotorua)라는 호수가 있다. 아름다운 자연경관으로 뉴질랜드에서도 몇 손가락 안에 꼽히는 이 호수는 원주민인 마오리 말로 '두 번째 호수'라는 뜻으로 크고 작은 11개의 호수가 주변에 널려있다. 그러므로 이곳은 많은 호수를 사이에 두고 수백 년 전 마오리족이 여러 족속으로 나뉘어 치열한 전쟁을 했던 곳이다. 그리고 이 호수에는 아름다운 전설이 깃들어져 있다. 로토루아 호수 안에 있는 모라이아 섬에는 아래하 부족이 살았으며 로토루아 호수가에는 휜스터 부족이 살고 있었다. 아래하 부족 추장의 딸인 히네모네(Hinemoa)와 휜스터 부족의 젊은이 두타니카(Tutanekai)는 처음 본 순간 서로 사랑하게 되었다. 두 부족의 오랜 반목으로 두 사람은 자유롭게 만날 수는 없었지만 두타니카는 밤이 되면 호숫가에 나와 피리를 불었고 그 피리소리를 들은 히네모네는 카누를 저어 호수를 건너왔다. 그리고 새벽이 되면 꼭 붙잡고 있던 두타니카의 손을 놓고 다시 섬으로 돌아가곤 하였다. 히네모네 아버지가 이 사실을 알고 불같이 화를 내며 섬에 있는 모든 카누를 태워 버렸다. 하지만 그날 밤 피리 소리가 울려 퍼지자 히네모네는 표주박 수십 개를 허리에 동여매고 호수를 헤엄쳐 연인 두타니카에게 갔다. 목숨을 건 딸의 사랑에 아버지는 굴복하고 말았고 비로소 두 사람의 사랑은 이루어졌다. 그리고 두 부족도 마침내 화해를 하게 된 것이다.

이들의 사랑을 노래한 〈포카레카레 아나〉는 마오리 전통 민요인 'Pokarekare Ana'에 실려 전해 내려오고 있는 연가이다. 우리에게도〈연가〉 라는 제목으로 알려져 있다.

"♬.. 포-카레카레 아나 나 와이오 로토루아,휘티아티 코에히네, 마리노 아니에..?"

Pökarekare ana ngä wai o Waiapu,
와이아푸의 바다엔 폭풍이 불고 있지만

Whiti atu koe hine marino ana e
그대가 건너갈 때면 그 바다는 잠잠해질 겁니다

E hine e hoki mai ra
그대여, 내게로 다시 돌아오세요

Ka mate ahau I te aroha e
너무나도 그대를 사랑하고 있어요

E kore te aroha e maroke i te rä
내 사랑은 뜨거운 태양아래서도 결코 마르지 않을 것입니다

Mäkükü tonu i aku roimata e
내사랑은 언제나 내 눈물로 젖어있을 테니까요

E hine e hoki mai ra
그대여, 내게로 다시 돌아오세요

Ka mate ahau I te aroha e
너무나도 그대를 사랑하고 있어요

Pökarekare ana ngä wai o Waiapu,
와이아푸의 바다엔 폭풍이 불고 있지만

Whiti atu koe hine marino ana e
그대가 건너갈 때면 그 바다는 잠잠해질 겁니다

E hine e hoki mai ra
그대여, 내게로 다시 돌아오세요

Ka mate ahau I te aroha e
너무나도 그대를 사랑하고 있어요

E hine e hoki mai ra
그대여, 내게로 다시 돌아오세요

Ka mate ahau I te aroha e
너무나도 그대를 사랑하고 있어요

<자료출처: http://www.nz.com/>

<연가>

비바람이 치던 바다 잔잔해져 오면

오늘 그대 오시려나 저 바다 건너서

밤하늘에 반짝이는 별빛도 아름답지만

사랑스런 그대 눈은 더욱 아름다워라

그대만을 기다리리 내 사랑 영원히 기다리리

그대만을 기다리리 내 사랑 영원히 기다리리

-한국 가요-

부부와 티타임

눈을 감는다. 빨랫줄을 이고 있는 바지랑대 위로 말갛고 빛 고운 고추잠자리가 보인다. 여인네 속살처럼 눈부신 날개를 가진 그 녀석들은 빨래 줄에 널려있는 흰 옥양목 홑이불 사이를 떼 지어 돌다가 흠 없는 가을하늘 속으로 허망하게 날아가 버린다.

왜 그랬을까?

왜 그렇게 어렸을 땐 극성스럽게 싸리비자루를 들고 이쁘기만 한 그 잠자리 떼를 잡으러 쫓아다녔을까? 나의 가을은 그 동심의 고향을 그리며 시작된다. 마침 그리운 고향을 다녀온 친구를 불러 차를 마시며 고국소식을 물었다.

"내가 10년 만에 간 모국 나들이였잖아. 마침 가을이라고 동창회가 있어서 참석해 봤는데 다들 잘 살고 있는 줄 알았더니 여러 명이 이혼을 했더라고…. 그 친구들 좀 만나고 오느라 쓴 커피나 마셨지, 뭐. 역시 호주에서 마시는 여유 있는 커피가 최고야."

화창한 가을에 만난 우울한 이야기였다. 친구가 쥐어 주고 간 작은 티스푼 세트를 정리하면서 새삼 편안한 커피 맛이 그리워진다.

동양권과 서양권의 커피 차이는 분위기나 맛이 아니라 먹는 습관 차이인 것 같다. 이곳 호주에 와서 직장생활을 해본 사람이면 누구나 느낀 점이겠지만 여기서는 누구를 만나지 않아도 티타임은 정확하게 지켜진다는 사실이다. 꼭 티타임에 커피나 차를 마셔야 하는 것은 아니지만 직장생활에 피곤한 몸을 쉬면서 잠시 여유를 갖는 시간이라고나 할까. 그렇게 생각해보니 '일을 위해 사느냐', '살기 위해 일하느냐'는 옛적 논쟁에 대한 적절한 답을 티타임이 명쾌히 풀어주는 듯해서 처음 티타임을 가졌을 때 슬그머니

혼자 웃었던 기억도 떠오른다.

그런데 그 티타임을 굳이 휴식이라고 해석할 수도 없다는 것을 이쪽으로 이사 와서 알게 되었다. 우리 이웃에는 78세의 노부부가 살고 있다. 'Keith' 라고 부르는 그 호주 노인 부부의 일과는 매일매일 정원을 가꾸는 일이다. 노후생활에 전혀 염려가 없는 할머니, 할아버지의 느긋한 일상을 보면 부럽고 흐뭇하다. 네 가정 중 한 가정이 이혼 가정이라는 호주 가정 통계를 무색하게 할 만큼 부부애가 두터운 그 할아버지 댁에 살아있는 치킨을 보기 위해 무시로 그 댁을 드나들 수 있도록 허락 받은 어린 딸애를 통해서 나는 그토록 정다운 노부부를 지켜준 사랑의 비결이 무엇일까를 늘 궁금하게 여겨왔었는데 언제부터인지 그 비결의 일부는 티타임 일 것이라는 확신을 갖게 되었다. 그 이유는 그토록 한가하게 살고 있는 할아버지 댁에서도 마치 종교의식처럼 티타임을 철저히 지킨다는 사실 때문이다. 티타임 시간이 되면 잔디를 깎다가도 밀쳐두고 돌아와서 할머니가 맛있게 끓여놓은 차를 마주하고 앉는 키스를 보면서 지나치게 차를 마셔서 흥분 효과가 나타나는 카페인 차가 아닌 여유와 멋의 차를 느꼈다면 지나친 미화일까? 결혼이란 미완성의 개체가 서로 만나 완성을 위해 노력하는 과정이라고 한다. 즉 부부는 각자 부족한대로 만나서 서로를 보완하며 살아가는 것이라는 결론이다.

아무리 능력이 있는 사람이라도 혼자서는 후손을 생산할 수 없다. 남자에게 있어서 여자는 그렇게 절대적인 존재이고 여자에게 있어 남자 또한 마찬가지이리라. 생텍쥐페리는 《어린 왕자》를 통해 이렇게 충고한다.

「너는 내가 열심히 물을 주어도 거드름을 피며 좀처럼 꽃을 피우려 하지 않는 나의 작은 장미이지. 저 언덕너머에는 너보다 훨씬 아름다운 장미가 군을 이루어 피어 있음을 나도 알아. 그러나 그 장미들이 무슨 가치가 있을까! 내가 물을 주고 내가 너를 보고 있고 내가 너를 키우고 있기 때문에 너는 어느 장미보다 내게 의미 있고 아름다운 것이거든.」

우리는 호주에 와서 생각해 본적도 없었던 힘든 일들이나 육체노동이라도 기꺼이 그 일들을 잘 해내며 살고 있다. 결국 사랑하는 가족을 위해서라면 못할 일이 없는 것이다. 그 사랑의 노동은 값진 것이어서 비록 타국이지만 넓은 뜰이 있는 내 집과 내 땅을 소유하게 되었고 또 소유하게 될 것이다. 그 땅에 상추도 심고 고추도 키워 보고…, 〈가꿈〉으로써 세월이 흐르는 것에 훨씬 보람을 느끼는 것과 같이 부부의 정도 서로 노력하고 함께 늙어감으로써 더 깊어지는 것이 아닐까!

호주라는 새로운 토양에 부지런히 씨를 뿌리는 힘든 남편을 이해하여 주고 생소한 삶을 위해 피곤한 아내를 그윽이 바라볼 수 있는 여유 있는 마음을 잃지 않는 아름다운 부부….

결실의 계절 가을에 꼭 만나보고 싶은 향기로운 부부이다. 좋은 차와 좋은 부부, 행복이 모락모락 피어오를 것 같다.

고향생각

시드니의 연말은 폭염이다.

태양은 너무 뜨거워 그 자신조차 희뿌옇게 상아색으로 질려버렸고 바람이 일지 않는 검푸른 바다는 잔잔한 물결들만 지키다가 달콤한 한 여름 오수에 빠져들면 사람들은 서서히 바빠지고 허둥대기 시작한다. 고향으로 애절한 사연의 편지를 띄우고 고향에서 먹던 떡과 술을 찾아 이리저리 헤매는 연중 가장 아쉬운 시간이 흘러가고 있는 것이다.

당시 우리는 파라마타와 시내 중간에 위치한 〈Ashfield〉에 살고 있었는데 시간만 나면 자동차를 몰아 록데일을 지나 보타니 베이로 달려가곤 했다. 보타니 베이는 방파제가 잘 정돈된 바닷가로서 물 가까이에 자동차를 대놓고 차 안에서 멀리 떠나가는 배를 바라 볼 수도 있고, 또 비행장도 가까워 낮게 이착륙하는 비행기도 자세히 볼 수 있기 때문이었다. 굉음을 내며 땅을 박차고 떠오르는 비행기를 볼 때마다 그 아름다운 장관에 아이들은 손뼉을 치며 좋아했고 우리는 고국이 있는 북쪽으로 비행기가 사라질 때마다 설레는 가슴을 마음 놓고 흥건히 적실 수가 있어서 좋았다.

밤이 되면 낮은 모래사장에 게망을 던져 놓고 닭 내장을 미끼삼아 게를 건져 올리기도 하는데 모래색을 닮은 모랫게가 많이 올라올 때는 양동이로 반 양동이씩도 건져 게장을 담가 먹기도 한다.

그날도 우리는 뜨거운 한낮에는 찰랑거리는 바닷물 속에서 더위를 식히며 보내다가 저녁이 되자 모랫게를 기대하며 밤시간까지 부스럭을 떨다가 늦게야 차에 올라 피곤하게 집으로 돌아가는 길이었다.

한 30분쯤은 달렸을까? 차가 갑자기 시동이 꺼져버리는 것이 아닌가!

흔히 있는 사소한 정비 불량이겠지 하여 밖으로 나가 이런 저런 조치를 한참을 취해 봐도 차는 꼼짝도 안 한다. 근처에 주유소나 공중전화도 없는 외진 길에서였으니 그야말로 낭패였다.

아이들은 시간이 길어지자 아예 앉은 채로 잠이 들어버렸고 밤새 아이들과 이렇게 버려져있게 될지도 모른다고 상상하니 부쩍 공포스러운 마음에 아무리 지혜를 짜보아도 머릿속은 더욱 더 하얗게 텅 비어가는 느낌이었다. 이런 일은 누구나 한번쯤은 겪어 보았음직한 일이니 그 애타는 심정은 짐작이 가리라. 그래도 다시 마음을 가다듬고 처음부터 차근차근 차를 점검해보기로 하고 안간힘을 쓰던 끝에 새로운 발견을 했다.

"어!, 이 차가 앞으로는 안 움직여도 후진은 하네."

대책이 없었던 절망 상태에서, 움직인다는 그 말에 정신이 퍼뜩 났다.

"어떻게 그럴 수가?"

어쨌든 힘이 솟았다

일단은 차가 움직인다는 사실만으로도 얼마나 고마운지….

"잘 움직여서 얼른 주유소를 찾아봅시다."

우리는 의논을 하여 우선 차선을 반대 방향으로 바꾸는 일을 서둘렀다. 후진으로 움직이려면 이제까지 달려왔던 보타니 쪽으로 차머리를 향할 수밖에 더 있겠는가!

마침 시간은 자정 가까이에 와 있고 일요일이어서 차량 통행은 거의 없었다. 차가 지나가면 우리는 비상등을 켠 채 서 있었고 차량이 없으면 재빨리 뒤로 뒤로 움직였다. 그것도 훈련이 되는지 시간이 지날수록 잘할 수 있어서 웃음이 많은 나는 그 와중에도 그런 사정이 너무 우스워 웃음이 나왔다.

그렇게 될 수 있는 대로 한적한 골목을 찾아 움직인 끝에 우리 집 중간 지점인 한인촌 〈Campsie〉까지 오는데 성공했다.

캠시…. 소리라도 지르고 싶을 만큼 반가운 곳이다. 캠시에는 후배인 장한이네가 살고 있기 때문이다. 이제 장한이네 집 앞에 차를 세우고 구조요청을 하면 집에까지는 힘 안들이고 무사히 후배차로 갈수 있으리라.

문득 시계를 보니 새벽 2시다. 그런데, 차의 장착된 시계를 본 순간부터 자꾸 차의 속도가 떨어진다. 그리고 갑자기 말이 없어진다. 장한이네로 들어서는 골목 어귀에 차를 세운 우리는 한참을 차에 앉아 있었다.

그랬다!

새벽 두 시에 후배 집 아파트 벨을 누를 용기가 우리에겐 없었던 것이다. 이젠 일요일이 아닌 월요일 바로 오늘 고된 일터로 나갈 사람을 새벽단잠으로부터 깨울 배짱이 참말로 없었던 것이다.

잠든 아이들을 돌아보는 남편의 옆 얼굴에서 얼핏 나는 쓸쓸함을 느꼈다. 삶의 고단함이 무엇이든가! 짧은 순간만이라도 그 고단함을 씻어줄 청량제 같은 만족을 지금 구할 수만 있다면….

"우리 그냥 이대로 집에까지 가볼까?"

그 말에 남편은 피시 웃으며 다시 핸들을 잡았다 혹시 순찰차라도 있을까 이리저리 여러 번 두리번거리는 남편의 모습에서 차라리 홀가분한 기분을 느낀다. 어색함을 덜어 주고 싶어 나도 덩달아 한두 번 헛기침을 해보고, 가슴속 폐부 깊숙이 스미는 새벽의 한기가 오히려 상쾌하다.

집에 도착하니 새벽 4시였다. 꼬박 밤을 새운 셈이다. 그날 아침 남편은 아예 한쪽으로 뻣뻣하게 굳은 뒷목을 어쩌지 못하여 결국 직장을 결근하고야 말았다.

우습게도 이곳 사람들이 〈Home sick〉라고 부르는 향수병에 취해 얻은 어이없는 생고생이었다. 사실 그때까지만 해도 우리는 자주 만나면서 지내는 후배 가족 때문에 〈고향생각〉이란 단어는 입에도 담지 못할 때였다. 캠시에 살고 있는 후배 내외는 호주로 이주한 이후 줄기차게 다시 고국으로 돌아갈 것이냐 아니면 이민생활을 계속 할 것이냐 하는 문제로 머리가 아플 만큼 고민을 하고 있었기 때문이다.

부인은 가야 한다고 했다. 그러나 남편은 누이네가 있고 어머니가 계신 호주에서 지금은 비록 닭 공장에서 힘든 청소 일을 하고 살지만 더 배우고 익혀서 좀 더 나은 새 삶을 개척해 보고 싶다고 한다.

닭내장, 닭기름, 핏물이 엉겨 붙은 공장 바닥 이곳저곳을 고압 호스로

물청소를 하려면 입었던 옷은 늘 반쯤은 젖어 있게 마련이고 닭 비린내가 나는 그 작업복을 매일 빨아 널면서 부인은 절규했다.

"내 나라에서 이 정도로 일을 하면 왜 부자가 못 되겠어요?"

주말이면 우리 집으로 찾아와 울먹이는 그녀에게 호주는 '원수'였다. 그렇게 힘들게 일하여 주급으로 받아온 중한 돈을 부인을 달래는데 다 써버리는 후배를 욕을 해야 할지 위로를 해야 할지….

우리 역시 우리 가족만으로도 타국에서의 색다른 삶이 힘에 겨웠던 그 시기에 고향이라는 말조차 함부로 속 시원히 소리쳐 볼 수 없었던 진짜 속사정은 그러했다. 배우처럼 예쁜 후배 아내의 커다란 눈에서 절망의 눈물이 떨어지면 우리 모두의 가슴에도 찬비가 내렸다.

나무들은 마냥 푸르고 사철 이름 모를 온갖 꽃들은 활활 피어올라 서늘한 우리 마음을 따뜻이 채워주어도 고향 산모퉁이 허물어진 헌 집터에서 보았던 엉겅퀴에 덮인 채 썩어가던 빨래 방망이, 흐트러진 광주리 대살, 흙 묻은 사금파리 조각들… 그런 것들조차도 눈에 선했다.

왜 그렇게 오래되고 지저분했던 과거의 영상들까지도 잊혀지지 않고 두고두고 떠올라 눈에 밟히고 그리운가 말이다. 차라리 힘들게 일을 하는 남자 분들은 괜찮은지도 모르겠다. 그러나 어린 자식만 바라보고 긴 시간을 혼자 보내야 하는 여자들에게 있어서 타국은 극복하지 못하면 심각해질 수도 있을 것 같다. 공부를 했다 해도 얼마 후면 바닥이 나는 영어회화래야 고작 현지 주민들과 나눌 수 있는 일상적인 안부정도가 고작이니 어찌하랴.

바로 그 즈음, 때맞추어 캠시에서 큰 사고 소식이 들려 왔다.

후배 가족처럼 고국으로 돌아가고 싶어 다투기만 하던 젊은 부인이 남편이 집을 비운 사이에 칼로 자해를 해서 병원으로 실려 갔다는 것이다. 한인회에서는 여러 각도에서 심사숙고 한끝에 그 젊은 부인이 회복되는대로 고국으로 보내주는 것이 좋겠다고 결론을 내려 교민 언론에 일제히 보도되자 후배는 긴장했다.

“아무래도 장한 엄마와 장한이는 돌아가는 것이 좋겠고 나는 기왕에 나왔으니 참고 견디어 봐야지.”

늦은 저녁 혼자 우리를 찾아와 내린 후배의 공허한 결심은 또 한번 우리 가슴을 철렁하게 했다.

‘이렇게 해서 우리는 같이 타국 땅에서 외로움을 쓸어주던 한 가족을 잃는구나.’

야속한 현실에 목이 메어왔다.

그러나 사람 사는 일은 참으로 모를 일이었다.

캠시 사건도 그렇고 후배도 모처럼 힘든 결심을 했는데 그 사건까지 신문 보도를 통해 다 알고 있는 후배 부인이 다음날부터 초연해진 것이다. 둘째 아이를 임신하여 더욱 힘들어하던 장한 엄마가 아이도 호주에서 낳아 호주식으로 길러볼 테고 남편 고생하는 거 지켜보면서 아이 키우다가 아이들 자라면 같이 맞벌이하여 튼튼한 〈Volvo〉 차도 사서 타보고 집도 장만하고 고향에 계신 친정 부모님께 달러로 송금도 하여 딸 노릇을 제대로 해보겠다고 결심을 한 것이다.

“시상에! 시상에!”

우리는 입이 딱 벌어져 할 말이 없어졌다. 이제는 우리가 마음 놓고 고향 생각에 젖어볼 차례가 드디어 온 것이다.

가족

행복을 만들어요!

큰 아이가 초등학교 3학년 때였다.

그때 아이는 하버필드라는 초등학교를 다니고 있었는데 같은 반 친구인 샤론이라는 여자 어린이와 친하게 지냈다.

샤론은 학교가 끝나면 곧장 집으로 전화를 하여 집에는 잘 도착했는지 지금은 무엇을 하고 있는지 궁금해 하며 매일 소곤거리는 것이 아닌가? 사내 녀석이 그렇게 여자애와 친할 수 있다는 것이 처음에는 호기심도 생기고 재미있다 싶기도 하였지만 학교수업이 없는 토요일 일요일까지 자전거를 같이 타자고 약속을 하여 공원에서 만나려고 번번이 부리나케 챙겨서 나가니 결국은 일주일 내내 꼬박꼬박 만나려 한다는 현실 앞에는 왠지 좀 불안한 구석이 있었다.

아직 어린아이들인데 이성의 감정을 대입하기는 좀 그렇고 도대체 무엇이 문제란 말인가? 내색 할 수도 없고….

할 수 없이 눈치껏 아이들 뒤만 열심히 따라 다녔다. 그러나 몇 개월 뒤 학년이 바뀌자 그 고민은 너무도 싱겁게 끝이 나고 말았다. 샤론과는 다른 반이 되면서 다정했던 친구관계가 틀어져 버린 것이다. 단지 같은 반이라는 이유로 친했었고 다른 반이 되었다는 이유로 서먹해지는 아이들 감정이야 말로 얼마나 단순하고 치졸한가.

씁쓸해 하고 서운해 하는 나의 이중성에 스스로 놀라면서 문득 나를 닮은 내 아이임을 확인한 것 같아 더 놀랐다.

그렇다.

내게도 정말 아쉬웠던 그런 날들이 있었다. 나 역시 단순하고 치졸했었다고 고백해야겠다. 황당했던 그 일들을 나는 그 동안 까맣게 잊고 지냈나

보다. 나도 그때 틀림없이 우리 아이만한 나이였던 것 같다.

내가 다니던 국민학교는 산날맹이(산봉우리의 전라도 사투리)에 있었다. 국민학교…. 그때는 초등학교를 그렇게 불렀다.

지금도 잊혀지지 않는다. 아침 일찍 조바심을 치면서 종종걸음으로 교문을 들어서면 썰렁한 운동장과 가지런한 책상 걸상이 있는 교실, 그때 나는 학교에 일찍 가는 것이 왜 그리 좋았을까!

그 교실을 혼자 둘러보는 기분은 상쾌하다 못해 가슴까지 울렁거렸었다. 하교 길에는 자갈이 깔린 멀쩡한 길을 놔두고 논둑을 따라 걸으면 발자국 소리에 놀라는 벼메뚜기들이 후두둑 후두둑 야문 벼 이삭 사이로 숨어드는 것도 보기 좋았고 재미있었다.

운이 좋으면 살찐 방아깨비도 잡아 쇠죽 끓이는 아궁이에 구워먹을 요량으로 신이 났었고 요즘이야 농촌도 길이 좋아 차를 타고 다닐 수 있지만 그때는 자전거도 귀한 때였으므로 발걸음이 날래면 부지런하다고 어른들이 뒤 꼭지를 쓸어주던 시절이었다.

그러나 호주의 초등학교는 하교 길조차 없는 것 같다. 학교가 동네마다 2~3개씩 있어 등하교 시간이 상대적으로 짧아 그런 아릿한 어린 날의 추억은커녕 하교시간 오후 3시 5분이면 정확하게 부모들이 학교 앞에서 기다렸다가 아이를 냉큼 차에 싣고 달리기 때문이다. 변변히 친구들과 느긋하게 안녕조차 나눌 여유도 없을 만큼 아이들은 과보호 속에서 자라고 있다.

어쨌든 그 옛날 그 시절….

내가 태어나 태를 버린 곳은 경기도의 전형적인 농촌 집성촌이었다. 우리 집 울타리 너머 산 위에는 그림같이 작은 예배당이 하나 있었는데 내 이야기는 바로 그 예배당에서 비롯된다.

그때 어머니는 흙투성이가 되어 놀기만 하는 내가 예배당에 가는 것을 특히 좋아하셨다. 교회에 가면 무엇이든 배울 것이 있으리라는 기대도 있었지만 사실은 어떤 사연도 있었기 때문이다.

그 당시 우리 아버지는 공무원이셨고 나의 어머니는 신식공부를 한 분이셨지만 시대가 그때는 다 그랬듯이 외아들이셨던 아버지는 할아버지가 계시는 고향을 떠날 수가 없었고 자전거로 먼 직장까지 힘들게 아침저녁으로 통근을 하셨다.

할아버지는 근동에서 알아주는 호랑이 할아버지셨고 어머니는 완고한 농촌 집성촌에서 숨 한번 크게 못 쉬며 대소가 어른들께 몸소 효를 실행하며 사시고 계셨다. 그런 온화한 어머니가 무서운 할아버지와 어느 날 정면으로 맞부딪히게 되었는데 그것은 어린 동생의 죽음 앞에서였다.

어린 동생은 시대에 어울리지 않게 우유에 체하여 죽었는데 원인은 당시 귀물이었던 〈덩어리 분유〉 때문이었다고 한다. 지금 생각하면 무더운 그 여름에 너무 많이 토하고 설사를 하여 일으킨 탈수현상 때문이 아니었을까 생각된다.

여하튼 그때 불행한 일을 당하신 어머니는 그날 정신을 잃으셨다가 홀연히 일어나시어 할아버님이 그토록 싫어하시는 예배당에 김 목사님을 급히 모셔오게 하셨다.

할아버지의 허락도 없이 목사님은 비보를 전해 듣고는 곧장 우리 집으로 급한 걸음을 하셨다. 어머니는 목사님께 동생을 위해 마지막 기도를 부탁하셨고 그 기도가 끝나자 어머니는 얼른 밖으로 나가 하늘을 보셨다. 그

저녁노을이 너무나 아름다워 동생은 분명히 천국으로 갔노라고 어머니는 여러 사람들 앞에 당당히 선언을 하셨다.

완고한 할아버지의 허락 없이는 병원 출입마저 자유로울 수 없어서 절망적이었던 어머니가 마지막으로 동생을 위해 보여준 용기였다.

목사님이 돌아가시고 난 후 할아버지가 방으로 오셨다.

'그때까지 할아버지는 무엇을 하셨을까?'

"천하의 불효막심한 것…,"

마지막으로 동생은 할아버지에게 뺨 한 대를 아프게 맞고 땅에 묻혔다. 그 후에 나의 교회 출입은 묵인되었다.

할아버지는 새벽마다 울리는 교회 종소리가 싫으시면서도 꾹 참으시는 눈치셨다. 뿐만 아니라 내가 교회에 가서 찬가를 배워 오는데 고무되시어 당신이 아끼시던 강변 밭에 목사님의 사택을 짓게 하셨다. 어머니는 그런 할아버지를 돌아가시는 날까지 누구보다도 깊이 믿으셨고 의지하셨다.

동생이 그렇게 가고, 나는 초등학교에 입학을 하고, 또 몇 해가 지나 한참 예배당에 다니는 것이 즐거워질 나이…, 아마 그때쯤이었나 보다.

예배당에서는 크리스마스이브를 앞두고 우리 어린이들이 발표회를 하기로 하여 한달 전부터 성가도 연습하고 무용연습도 했는데 작은 마을이라 여자 어린이도 많지가 않았다.

나도 〈고요한 밤 거룩한 밤〉 노래에 맞추어 촛불을 들고 무용을 하는데 뽑혔다. 촛불을 들고 무용을 하기엔 나는 어렸지만 여자 어린이가 부족하다 하여 나를 넣어 셋이 짝을 맞추어 열심히 연습을 하였다.

모두 흰옷으로 미리 준비하였고 아기 예수 탄생을 축복하는 가장 중요한 무용이라고 하여 날마다 연습에 열중하였다.

그런데 12월 22일쯤인지 학교에서 방학을 한 것이다. 마침 토요일이어서 일찍 학교도 끝나고 방학도 하고 신이 나서 집에 오니 외가에서 외삼촌이 방학에 맞춰 나를 데리러 온 것이 아닌가.

뛸 듯이 기뻤다. 외가에 가는 것은 늘 꿈처럼 달콤한 날들이었기 때문이다. 수여선(수원과 여주)이 있을 때였다. 기차를 탈 것을 생각하니 너무 좋아 황홀한 지경이 되었다.

저녁 5시가 넘을 즈음이었나 보다. 모처럼 누이 댁에 온 외삼촌을 재촉하여 그날 저녁으로 나는 기차를 타고 외가로 떠났다. 외갓집에서는 외할머니와 이모가 달려 나와 반가워 얼싸안고 기뻐서 어쩔 줄을 몰랐다. 다음날이 되어서야 뭔가 허전한 것을 알아차렸다. 바로 발표회였다.

'이렇게 빨리 오는 것이 아닌데…. 내가 없는 성탄축하 촛불 춤은 이제 어떡하지?'

지나치게 단순하고 어리석은 내 아들과 영락없이 닮은꼴 나의 어린 시절이었다.

그 얼굴에 햇살이

테라스에 쪼그리고 앉아 한층 엷어진 햇볕을 쬐고 있던 나와 휘적휘적 걸어가던 매티우에 눈이 마주쳤다. 한 집 건너 얕은 블록 담 위로 걸터앉는 그를 당연히 바라보면서 문득 짧은 한숨이 나온다. 그에게 있어서 우리는 언제나 신기한 이방인이고 우리에게 있어서 그는 부러운 철부지라고 해야 할까? 어떻든 고즈넉한 이곳으로 우리 가족이 이사를 오면서부터 장애자 매티우의 존재는 우리의 민감한 첫 부분이었다. 어린 시절 고향 동리에 있었던 '장수'라는 미친 총각을 끝없이 쫓아다니며 놀려대던 기억으로부터 또 어느 날 그렇게 순했던 장수가 입에 거품을 문채 낫을 들고 날뛰던 놀라움을 떠올리며 한창 개구쟁이 아이들을 셋이나 두고 있던 우리는 생각지도 못한 특별한 이웃 매티우를 처음 알았을 때 정말 아찔한 느낌이었다. 간간히 불만을 나타내는 그 특유의 강한 괴성이 담 너머를 통해 들려 올 때마다 우리는 그에 대한 관찰의 촉각을 더욱 세우곤 했다.

그 후 얼마 안 되어 우리는 매티우에 관해 많은 것을 알게 되었다. 정신병자가 아닌 〈저능아〉라는 것, 그러나 정상인과 다름없이 직장에 다니며 나름대로 보람있는 삶을 누리고 있다는 것,… 등 매일 아침 우리 아이들처럼 매티우에게도 도시락 가방을 매어 주고 손을 흔들어 주는 어머니가 있다. 뚱뚱한 체격에 정맥이 흉측하게 불거져 나온 두 다리로 하루 종일 쉬지 않고 일을 하는 이탈리아 여인 '라라' 활달한 그녀가 매티우를 처음 우리 가족에게 소개했을 때 나는 왠지 찜찜한 기분이었다. 온전치 못한 자식을 소개하는 어머니의 애절한 마음과 슬픔 같은 것은 전혀 엿보이지 않는 당당함에 혹시 모성이라고는 찾아 볼 수도 없는 이기적인 여자가 아닐까 하는 짐작으로 말이다. 매티우에 대한 이야기가 길어질수록 행복한 표정까지 짓는 라라를 보면서 묘한 배신감 같은 이질감은 8월(겨울)에 호주 날씨만큼이나 나를 혼란스럽게 했다.

그로부터 한참 날들이 흘렀다. 아스팔트 길 끝에서는 바람 부는 계절을 모두 떠나보낸 10월에 태양이 눈부신 햇살을 마구 쏟아 부어 개미들조차 횟배 앓는 아이처럼 비실비실 돌고 있었다. 장미의 계절이 온 것이다. 장미 정원이 특히 아름다운 라라의 집으로 봄나들이를 갔다.

"매티우는 장미꽃을 좋아해. 그래서 이 많은 장미 나무들이 각각 어떤 색깔에 꽃을 피우는지 정확히 안다."

라라 말에 나는 감탄했다. 당연히 매티우는 온전치 못 하니까 마침 뒤뜰에서 닭 한 마리가 꽥꽥 울었다.

"알을 낳은 것 같은데 가봐라."

내가 재촉하자 라라는 빙그레 웃었다.

"쉿! 아직 매티우가 오지 않았다. 오늘 나의 매티우는 부쳐숍(정육점)에 가서 케이트(개 이름) 먹이를 틀림없이 사 올 것이다."

라라의 매티우 자랑은 정말 끝이 없다. 나는 새삼스럽게 매티우가 라라의 검고 큰 눈을 그린 듯이 닮았다는 것을 발견했다.

"라라네… 눈은 참 아름답다."

일부러 매티우가 닮았다는 이야기는 쏙 뺐다. 자랑하기를 좋아하니 또 얼마나 장황스러우랴 싶어서….

"You Need Glasses.(너 안경써야겠구나.)"

시큰둥한 표정의 그 한마디는 나에게 뜻밖이었다. 라라의 자랑은 오직 매티우 뿐이라는 것을 그때 처음 알았다. 아! 아! 라라는 단지 어머니 일뿐이었다.

어느 고을 허름한 곳에 잔술을 팔던 한 여인이 있었다는데 그 여인에게는 정신이 몽롱한 아들이 있었다고 한다. 손님이 없을 때면 뒤틀린 얼굴로 '히~' 하며 웃고 있는 아들이 흘린 콧물, 침물을 닦아주며 눈물로 세월을 보내던 어느 날, 마침 그곳을 지나가던 노스님이 그 모습을 보고는,

"여인이여! 그 아이를 보고 울지 말라. 아이는 세상 고통을 모르나니 웃고 있지 아니한가."

그런가 보다.

라라는 늘 웃고 있었다. 울고 있는 어미보다 웃고 있는 라라가 훨씬 매티우에게 행복하지 않겠는가 말이다.

라라는 언제나 바빴다. 매티우가 돌아오기 전에 닭장도 청소해야 하고 장미밭도 가꾸어야 하고 시장도 다녀와야 하고 무엇보다 케이트(매티우의

개) 목욕을 시켜야 한다. 어머니 라라에게 있어 매티우는 어떤 모습 어떤 형태이든 사랑이었다. 신(神)이 주신 선물이었고 무엇하고도 바꿀 수 없는 기쁨이었다. 대부분의 정신박약아들은 생명이 짧은 것이 특징이라고 한다. 매티우가 진정으로 사랑 받고 또 매티우가 무엇이든지 사랑할 때 매티우는 하루하루 건강하게 가족 곁에 살아남는다는 것을 라라는 굳게 믿고 있었다. 그때부터 우리는 매티우 닭이 낳은 올망졸망한 계란을 사서 먹게 되었다. 의기양양하게 성성한 이빨을 드러내며 느릿느릿 걸어서 매티우가 가져오는 계란 한판을 보면 멍해진다. 메추리 알만한 초란, 야무지게 생긴 황란, 닭똥이 묻은 백란, 피가 스쳐 엉겨 붙은 어린애 주먹만한 왕란…. 일부러 동전으로 바꾸어 놓았다가(지폐는 싫어한다) 한 움큼 얹어주는 동전을 짤랑짤랑 흔들어 보며 멀어지는 매티우를 해 그림자도 지켜보며 길게 웃는다. 내일은 주말, 내일은 똑같은 장애를 가진 친구들이 즐거운 주말 프로그램을 매티우와 함께 보내기 위해 미니 관광버스를 타고 그의 집으로 달려 오리라. 그네들 특유의 환성과 괴성으로 집 앞이 왁자지껄해지면 마치 우리도 그들과 같이 소풍을 떠나듯 설레임에 창 앞으로 매달리게 하는 천진한 그들의 행복한 몸짓을 보면서 이들을 위해 전폭적인 사회지원을 아끼지 않는 정부시책에 매티우의 가까운 이웃으로서 고개 숙여 감사의 마음을 전하고 싶다.

얼마 전에는 시민 사회단체에서도 초보운전자 연습용 특수 양면 브레이크 자동차를 동원하여 맹인들도 운전을 하면서 하버브릿지를 건너볼 수 있는 "운전의 기쁨"을 만끽하도록 성원해 주었고, 시민들은 뜨거운 협조를 아끼지 않았노라는 신문 보도는 호주 국민 전체를 다시 감격으로 더 뜨겁게 달구기에 충분했었다. 직장만 해도 그렇다. 단순한 직업이면 어느 직장이든 장애자들도 쉽게 직업을 구할 수 있다. 물론 그들로부터 얻어낼 수 없는 노동 효과에 대해 정부에서는 그 직장에 보조를 해주는 정부차원의 장애자를 위한 배려가 충분히 포함되어 있기 때문이다. 얼마나 다행인가. 장애자를 위한 주차 공간, 건물마다 휠체어용으로 따로 마련된 계단 없는 출입구들, 시각 장애인을 위한 펠리칸(소리음) 건널목 장애자용 화장실, 장애자용 공중전화실 등등 그러한 사회 전반적인 시설도 중요하지만 사실은 부자유한 신체도 가족으로부터 또 사회로부터 인정받고 사랑 받을 수 있는 사회의 의식구조가 얼마나 더 그들에게 실질적이며 필요하고 우선되어야 하는지 이제 알 것 같다.

매티우가 출근하는 아침 시간이면 우리 집 앞을 지나는 매티우를 위해 우리 가족들은 밖에 얼씬도 안 한다. 자칫 그가 우리를 발견하면 영락없이 그날은 얕은 블록 담 위에 걸터앉아 이방인인 우리를 구경 하느라 직장에 늦어지기 때문이다. 정신연령이 채 10세도 안 되는 매티우가 출퇴근을 하고 직장에서 주급 봉투를 받아온다는 것, 그것은 참 많은 의미가 포함된 것 같다. 철부지 이웃과 함께 살면서 오히려 우리는 그렇게 더 많은 것을 그를 통해 느끼고 감사하고 배우고 있는 셈이다 이제 우리는 어느 호주 가정에 초대 받아가서 결혼사진첩을 보다가 들러리로 선 난쟁이 소년을 보고 놀랐던 충격이 다시는 충격으로 받아들여지지 않도록 아직도 많이 남아있는 장애자들에 대한 편견들을 조금씩 지워가고 있으니까 말이다.

이 글을 읽고 있는 당신에게도 묻고 싶다.

"당신은 과연, 당신의 축복받은 결혼식에 어린 난쟁이를 들러리로 초대하여 두고두고 그에게도 같이 기뻐할 수 있는 추억을 만들어 줄 수 있을 만큼 그들에게 관대할 수 있겠는가?"

공덕일까?

양무제는 불법(佛法)을 좋아하는 황제로 늘 불의(佛依)를 걸치고 소식을 했다 한다.

어느 날 달마조사와 양무제가 만났다.

"내가 즉위한 이래 사원건축, 불경초사, 불경제작 등을 했는데 이는 대체 얼마만한 공덕이 있습니까?"

"아무런 공덕이 없습니다."

"어째서 공덕이 없다는 것이요?"

"그런 것은 육도 중의 작은 성과로 일체가 미혹적 재생산입니다. 마치 그림자가 사람을 좇는 것과 같이 선의라 해도 진실은 아닙니다."

- 도덕경 -

불도를 아는 것은 아니지만 어쩌다 접해보는 이런 교훈들은 종교적인 측면을 떠나 우리의 내면세계를 정화시키는데 아주 적절한 내용이다. 박하 향처럼 환한 진언들이 세월이 흐를수록 더욱 크게 가슴에 와 닿는 것을 보면 나이를 먹는다는 것이 꼭 두려운 것만은 아닌가 보다.

내가 어릴 적 할머님은 냇가에 돌다리 하나를 던져놓는 것도 공덕이라고 말씀하셨다. 할머님의 세계는 돌멩이 하나, 땅, 하늘, 물, 그 어느 것도 신(神)이 아닌 것이 없으셨다. 무한한 자연을 향해 늘 송구스러워 하시고 읍조하셨던 할머님은 산다는 것만큼 감사한 것이 없고 또한 삶은 너무나 소중한 것이어서 사는 동안 행하는 선행은 아무리 작아도 꼭 발복의 근원이 된다고 믿으셨다.

할머님이 사랑하셨던 아름다운 세상 천리만리 떨어진 이곳 호주도 그곳이려나?

사람들이 한산의 길을 묻지만
한산길은 통하는 곳이 없음이여

여름에도 얼음이 녹지 않으며
해가 떠도 안개에 흐릿하구나

우리는 인생의 길이라든가
진리에 대해서 묻는 수가 있지만
쉬운 길만 찾으려고 하는 것은 아닌지.
그 길은 햇볕이 천지를 비추지만
깊은 동굴 속에 있는 것과 같아서
밝음을 느낄 수가 없으며
골짜기 속의 얼음이 녹지 않는 것처럼
우매한 업장이 녹아내릴 수가 없다

\- 한산길 -

길은 어디에 있는가? 삶이란 너무나 묘한 것이어서 어느 날 우리는 뜬금없이 집을 장만하여야겠다고 결심을 하게 되었다. 꼭 호주에서 살아보려고 온 것도 아니고 영주할 수 있는 비자가 갖춰진 것도 아닌데 점점 개구쟁이로 커가는 아들들에게 넓은 뜰이 있는 편안한 장소를 갖춰주고 싶은 부모로써의 당연하고 소박한 욕심이 문득 고개를 든 것이다. 막상 내 집을 마련해 보려고 결심을 하고 나니 호주라는 땅이 새삼 우리에게 어떤 의미가 있을까? 과연 우리 가족이 가야 할 길인가? 마음은 한없이 불안하고 착잡하기만 하였다. 이곳은 끝없이 크고 넓은 대륙이라 하지만 벌금자리, 씀바귀가 없는 생소한 들녘이다. 싸리버섯, 영지버섯도 없는 맨숭맨숭한 숲일 뿐이다. 아무리 둘러봐도 그 흔한 도라지꽃, 망초대조차 볼 수 없는 영산도 못되고 약산도 안 되는 '*Bush'라고 불리는 이곳 호주의 얕은 등성들은 우리에게 사실 너무나 허전하였다. 그러나 우리는 결국 '**로버트 프로스트'의 가보지 않은 〈길이 없는 길〉 허전한 이 땅을 선택하였다. 특별히 모험을 좋아 해서가 아니라 어느 곳에도 편안한 길은 보이지 않았기 때문이었다. 풍물이 다른 이곳도 정 들여 살다보면 내 고향이 될 수 있을지….

그렇게 하여 결국 우리는 시드니 서쪽 〈Pendle Hill〉역 가까이 조그마한 동네에다 집을 장만하였는데 뜻밖에 거기서 나는 기대하지 않았던 삶의 잔잔한 감동을 맛보게 된다. 조용한 마을이었다. 그리고 무엇보다 집값이 싸서 처음 집을 장만하는 데는 안성맞춤인 곳이었다.

이곳에서도 보통집을 새로 장만하려는 사람들은 자기 집을 결정하기 전에 100여 채 이상 집을 보러 다닌다고 한다. 그 말이 맞는 것 같았다. 특별히 연고가 없었던 우리도 이곳저곳 다니면서 집을 본 것이 그 정도는 족히 되었다. 〈정당한 평가〉라는 복덕방의 직원과 팔려고 내놓은 몇 집만 돌아보아도 황금같은 주말 하루가 꼴깍 넘어가니 몇 달을 계속 집을 보러 다니게 마련인데 그러다 보면 의외로 재미있는 사람들도 있어 지루한 편은 아

* Bush: 잡목이 있는 등성

** 로버트 프로스트: <The Road not Taken>의 영시작가

니었다.

그때만 해도 펜들힐 지역에는 작은 동네라서 아시아 사람들이 많지를 않았던 모양이었다. 한국 사람인 우리가 그 쪽에 집을 사겠다고 하자 복덕방 노인은 반색을 하면서 자기가 6.25때 한국에 참전한 군인이었다며 사야 할 집은 보여줄 생각도 안하고 자기 집으로 달려가더니 묵은 앨범을 가져다 금쪽같은 주말의 반나절을 설명해 주는 것이 아닌가! 그 후 우리는 그 노인이 권하는 집을 사게 되었는데 근처 한국인이 살고 있느냐는 우리 질문에 노인은 단숨에 차를 몰고 달리더니 한 주택가 앞에 차를 세운다.

"바로 저 집에 코리안이 살고 있다, 그러나 노스 코리안이라서 그런지 주민들과는 친하지 않다"

라고 왕년의 군인다운 놀라운 정보(?)를 제공해 주는 것이 아닌가.

"아, 또 한 집의 노스 코리안이 이 지역에 와서 살게 되겠군."

우리는 오랜만에 유쾌하게 웃었다.

영어의 어려움이 많은 한국인들이 호주 이웃과 친하게 지낼 수 없는 현실을 우리도 체험으로 이미 알고 있었기 때문이다. 그곳은 〈Pendle Hill〉과 〈Toonggabbie〉라는 지역의 중간으로 퉁가비란 이름은 매우 생소한 발음이었다. 노인에게 의미를 물어보니 퉁가비란 호주 원주민 언어로 '물이 모이는 곳'이라는 뜻이라고 한다. 그렇다면 수원이 되는 셈이었다. 그 후 우리는 이사를 하여 펜들힐이라는 문화동역을 이용하며 퉁가비라는 수원에 가서 쇼핑을 하는 새 생활을 시작하였다. 그곳은 한국 사람들이 많지 않아 외롭긴 하였지만 몇 정거장 지나면 〈블랙타운〉이라는 흑석동도 있었고 〈세븐힐〉이라는 사당동도 있으니 외로워도 웃고 지내자고 우리 스스로를 달래보기도 했다. 그렇게 우리가 그곳에 자리를 잡자 다행히 의외로 교통도 편하고 학군도 좋고 살기 편하다고 알려지기 시작하면서 한 가족, 두 가족 한국 교민들이 이사를 와서 이웃이 늘기 시작하였다.

수현이네가 이사를 온 것도 바로 그 시기였다. 그때 수현이네는 초등학교를 졸업하고 하이스쿨 7학년에 입학할 시기였는데 이미 〈Burwood High School〉에 입학수속을 끝낸 후라서 갑자기 이사온 새 동네가 있는 학교로 입학 수속을 다시 해야 할 형편이었다. 이곳에 공립학교 체제는 가장 가까운 곳에 있는 학교에 자동으로 하이스쿨이 결정되어 입학 수속이 따로 필요없었는데 이런 경우는 참 난감하였다. 일단 입학식을 앞둔 학교에 가서 사정 설명을 한 후에 서류를 받아와야 할지 어떨지 수현이네도 우리도 모두 하이스쿨을 보내본 경험이 없으니 알 수가 없었다. 두 집이 탁상공론을 해본 끝에 문교성에 알아보기로 잠정 결정을 하여 안내광고 책자 《*White Pages》를 통해 블랙타운 지역에 있다는 문교성 주소를 알아내긴하였는데 그렇다면 누가 문교성에 가서 이 문제를 해결해 오느냐가 문제였다. 정작 당사자인 수현네는 부모님들이 모두 낮에 일을 하러 나가고 우리 역시 남편이 일을 하니 젖먹이 아이가 딸린 나밖에는 어른이 없었다.

"나?"

모두들 나를 쳐다보았고 나는 깜짝 놀랐다. 경우는 다르지만 결국은 내가 고양이 목에 방울을 달러 가야 하는 처지가 되어 버린 것이다.

'한번도 가본 적이 없는 주소지를 찾아 수현이를 데리고 유모차를 끌고 기차를 타고 가서 부족한 영어로 호주 문교성 직원을 만나 수현이 학교 문

* White Pages: 정보지

제를 우리가 원하는 방향으로 해결해야만 한다.'

자다가도 그 생각을 하니 식은땀이 흘렀다. 이튿날 어찌해 볼 도리가 없는 처지이니 벼랑을 오르는 기분으로 수현이와 어린 아기를 유모차에 싣고 문교성을 찾아갔다. 그러나 뜻밖에도 수속은 간단했다. 준비해간 집문서를 보더니 선선히 "펜들힐 학교로 가라"고 한다.

정작 입학식이 힘들었다. 첫아이 수현이가 타국에서 드디어 중학교 입학을 한다는데 가볼 수도 없는 부모는 무거운 발걸음으로 일을 하러 떠났고 그 동안 정든 학교 정든 친구들과 헤어져 갑자기 이사 온 낯선 동네 낯선 학교로 입학식을 하러 가는 수현이는 불만으로 계속 눈물을 펑펑 쏟아내고 우유병을 챙겨 유모차를 끌고 대리 부모 자격으로 입학식을 지켜보던 나만 그날 온전한 정신이었던 것 같다. 수현이가 얼마나 울든지 학교 선생님들이 오며 가며 수현이 등을 토닥거려 주면서 "여기는 남녀 공학이라 남학생들도 많단다. 이제 얼마나 즐거운지 곧 알게 될 테니 그만 울거라" 하고 지나간다. 마지막으로 서류를 접수시키고 얼마간의 잡부금을 내고 집으로 돌아오는 길에는 여름내 살이 오른 참새 떼들이 우르르 힘차게 날아오르고 있었다. 눈이 빨갛도록 울던 수현이도 예쁜 참새 떼들을 보자 말갛게 배시시 웃는다. 그 후 그 미소처럼 수현이는 행복한 학교생활을 즐기게 되었다. 그리고 2년이 흘러 우리 큰 아이가 하이스쿨 입학을 하기 위해 공부를 하고 있었다. 특수 공립을 목표로 공부를 하던 어느 날 나는 이미 입학원서 마감이 끝난 것을 뒤늦게 알고 깜짝 놀랐다. 철없는 녀석이 학교에다 입학원서 신청하는 것을 잊었던 것이다. 이미 학교는 모두 부활절 휴가가 시작되어 교문은 굳게 닫혀 있고, 어찌할 바를 몰라 애를 태우던 중 문득 떠오른 것이 블랙타운에 있는 문교성이었다. 문교성은 행정기관이니 방학이 없을 것이라는 한 가닥 희망을 갖고 수현이 손을 잡고 어렵게 찾아 갔던 바로 그 창구를 향해 단숨에 달려갔다. 맞았다. 바로 그 창구에서 이제는 이웃 아이가 아닌 내 아이를 위해 필요한 입학원서를 얻을 수 있었다. 아이가 시험에 패스하여 원하던 학교에 입학했음은 물론이다. 우연같이 내게 온 행운, 나는 이웃을 위해서가 아니라 나를 위해 냇가에 돌다리 하나를 미리 놓았던가 보다. 옛날 옛적 어른들이 읍조하며 삶을 경외하던 그 마음을 헤아릴 것만 같다. 운명이란 그처럼 놀라운 것이든가!

아니면 '*프로이드'의 논리처럼 전조란 대체적으로 주관적이든 객관적이든 앞으로 어떤 행위에 성질을 품고 있게 마련이란 말인가?

'그러므로 어떤 형태의 삶이든 살아 볼만한 가치가 있는 것이다.'

집 앞 뜰 앞에 'Wattle(아카시아)' 한 그루를 심었다. 왓틀은 마치 목련처럼 봄이 오기 전에 와르르 샛노란 솜꽃이 함빡 피어났다. 쏟아지는 탐스러운 호주국화이다. 노란 그 꽃은 나의 잃어버린 개나리꽃과는 무척 다르다. 하지만 새로운 땅에서 새로운 꽃도 이해하고 기대하는 기쁨도 분명있으리라.

이 땅에서 우리 아이들과 더욱 푸르고 건강하게 행복하고 싶다.

---

* 프로이드: Freud Sigmund, 정신분석학자

매기의 추억

매기는 24세의 직장여성이다. 내가 우리 아이들을 학교에 보낼 때쯤이면 그녀도 어김없이 직장에 출근하기 위해 집을 나선다.

언제인가 외출하기 위해 어린 딸아이 손을 잡고 우연히 그녀 뒤를 따라간 적이 있었다. 딸아이가 "히히" 하며 웃으며 그녀를 손가락으로 가리켰을 때만 해도 나는 이웃에 살고 있는 그녀의 존재를 전혀 몰랐었다. 매기의 걸음걸이는 무척 특이했다. 개구쟁이 소년의 장난스런 몸짓처럼 어깨를 심하게 흔들며 겅중겅중 걷는 그녀의 모습을 본 사람이 있다면 누구든지 웃지 않고는 못 배길 정도였다. 그 후 딸애는 자주 그녀를 발견하고 걸음걸이를 흉내 내며 재미있어 했고 그녀는 여전히 그녀 특유의 팔자걸음과 함께 까만 외투 가득히 긴 노랑머리칼을 잔뜩 묻히고 다녀서 유난히 내 눈에도 자주 띄었다. 그런데 그녀는 알고 보니 이제 겨우 걸음마를 시작하는 귀여운 아들이 있는 미혼모였다. 그 사실을 알고 나니 놀라기에 앞서 어찌나 애처로운 느낌이었는지….

갑자기 차가워진 날씨 탓에 매일 아침 추녀 끝에서 그녀의 부모, 그리고 그녀의 어린 아들이 그녀를 직장에 보내기 위한 길고 애틋한 아침 이별을 확인할 때마다 가슴이 쿵쾅거린다. 한 폭의 아름다운 그림 같은 행복. 그러나 왠지 자꾸 아쉽고 허전하다. 생각해 보면 내가 너무 관념적인가? 어떤 의식의 틀이 요구 하는 조건 때문에 진정한 자유를 공감할 수 없으며 행복을 인정하지 못하는 내 미묘한 감정의 파장이 나도 밉다. 호주도 다른 선진국과 마찬가지로 출산율이 저조하다. 신생아들의 30%가 나이 어린 철부지 미혼모들에 의해 출산되는 형편이므로 미혼모들을 위한 정부차원에 프로그램은 다양하다.

이들에게 지급되는 특별수당으로써 홀 부모 수당이 있고 출산비용 일체는 의료혜택으로 보장되고 심지어는 불편한 산모들의 자존심을 위해서 출산 시 아이의 아빠 이름을 적는 란을 아예 삭제해 버렸다. 이들이 바로 직업을 갖기를 원하면 홀 부모 자녀들은 우선순위로 또 적은 비용으로 아기는 바로 유아원에 맡겨진다. 그러나 아무리 사회보장제도가 잘되어 있는 나라라고 하여도 미혼모란 역시 불안정한 가정 형태이고 왜 그들은 미혼모가 되었을까 하는 사회적인 문제점은 심각하게 지적되어야 한다. 이에 대한 정확한 대답은 당연히 청소년들의 이성교제가 복잡하기 때문이다.

언젠가 공원에 놀러 갔다가 대낮에 울고 있는 한국 여학생을 만난 적이 있었다. 수업시간일 텐데 학교도 안가고 공원에서 울고 있는 그 여학생의 문제는 임신 때문이었다. 일단 여의사가 있는 한인병원에 위치를 알려주고 달래서 보내긴 했지만 그 후 그 여학생의 일은 알 수가 없다. 그리고 세월이 흘러 스트라스 휠드 한인촌에서 한 유학생 소녀가 고층 아파트에서 뛰어내려 자살을 한 사건이 발생하였다. 한국에서 부모가 도착하는 날에 맞춰 죽음을 택한 그 소녀의 죽음은 유학생들의 문제점이 많이 논의되기도 한 사건이었지만 조사결과 임신이 알려지면서 그 소녀의 가장 다급했던 고통은 임신이 주는 충격이 큰 원인이었을 거라는 추측이었다.

이제 남녀평등을 부르짖는 것은 세계적인 추세이다. 특히 호주에서 살고 있는 청소년들에게는 더욱 남자들은 능동적이고 여자들은 수동적이라는 공식이 없다. 따라서 교제의 책임이 남자에게 있다는 등식도 성립이 안 된다. 이들에겐 처음부터 통상 친구와 애인의 호칭부터가 다르다. 남녀를 가리지 않고 친구라고 하면 그냥 친구인 셈이다. 그러나 여자에게 남자친구라고 하면 애인을 뜻하며 남자에게 여자친구라고 하면 애인 또는 동거녀까지 폭넓게 포함되어 서로 합의된 성적 동반자임을 확실히 한다.

그렇게 해서 두 사람이 결혼서약 없이 동거하면서 자녀들도 얻고 또 오랫동안 가정 형태를 유지한다 해도 이들은 결코 남편이나 와이프라는 호칭은 함부로 쓰지 않는다. 통상적으로 파트너 또는 여전히 여자친구 남자친구일 뿐이다. 그러므로 임신의 책임은 최종적으로 여자에게 있다고 본다. 보통 여자들이 임신이 문제가 되었을 때 남자들에게 도의적인 책임을 묻는 우리네 관습하고는 조금 다르다. 물론 임신의 위험이 없도록 미리 준비하는 건 일차적으로 남자의 기본적인 예의 또는 배려로 표현된다. 하지만 임신이란 여성에게만 해당하는 생리적인 현상이기 때문에 여성 자신이 스스로 신체변화를 겪지 않도록 조절해야 가능하지 어떻게 남성이 일일이 여자들의 생리현상을 알겠느냐는 결론이다.

요점은 이성교제는 서로가 좋아서 합의 하에 이루어진 행위이기 때문에 임신을 했다면 여성 측이 알아서 아이를 낳든지 포기하든지 해야 한다는 주장이다.

실제로 많은 남성들이 여자친구가 아이를 갖게 되면 그 여자와 교제를 끊고 다른 여자친구를 찾는 경우가 많다고 한다. 이런 점은 참으로 비정하다고 해야 할지 합리적이라고 해야 할지 정말 모를 일이다. 더욱더 이상한 점은 일단 그렇게 미혼여성이 임신을 했을 경우 당연히 서둘러 결혼으로 이어지고 그렇지 못할 경우 낙태로 이어지는 보편적인 우리의 관습과 많이 다르다는 것이다. 이들은 어린 생명은 하늘이 주시는 선물이라는 마음으로 새 생명의 탄생을 친부모님들도 반긴다는 점이다. 매기와 매기의 부모님들처럼 말이다(아기의 아빠만 제외된 축복). 어쩐지 모순적인 가정 형태 이지만 사람의 생명은 그래서 더욱 운명적인 신비가 아닐까하는 생각이 든다. '자식도 팔자'라는 우리 속담을 호주사람들도 생활 속에 일찌감치 간파한 것인지….

"BILLABONG"

호주의 Billabong (호수)

호주는 거칠고 척박한 광야가 많다.

그런 곳은 산이라고 불리기엔 좀 어울리지 않는 광활한 등성의 잡목 숲이다. 그 곳에는 야생동물들은 많지만 맹수는 없고 반면 열대 쪽에는 독충이나 전갈 또는 악어도 있다.

사면이 바다이고 나라 가까이 외세에 위협이 없는 독립된 대륙인 호주 군인들은 전쟁에 대비한 훈련보다도 가도 가도 끝없이 이어지는 물이 귀한 'Bush'라고 하는 그 험한 숲에서 언제부터인지 역사조차도 알 수 없는 긴긴 세월을 잘 살아온 호주 원주민들을 연구하는데 많은 공을 들인다고 한다. 그만큼 부시는 광활하고 척박하여 살기 힘든 곳이기 때문이다.

붉은 사막으로 불리는 그곳에서 물이 있는 호수는 곧 오아시스이다. 그러나 그 호수에 악어 떼가 들끓는다면 얼마나 안타깝고 불안할까! 하지만 이상한 호수가 있다.

호수는 호수인데 사방 산이 둘러있어 물이 들어오지도 나가지도 못하는 큰 옹달샘 같은 호수, 거기엔 악어가 없다. 일종의 안전지대인 셈이다.

호주인들은 그곳을 "Billabong"이라고 부른다.

지칠 대로 지친 여행자가 거칠고 뜨거운 부시를 지나가다가 빌라봉을 만나면 너무 고맙고 반갑고 기뻐서 무조건 무거운 짐을 훌훌 벗어 던지고 물로 첨벙~ 뛰어드는 것이다. 빌라봉이 좋아 그날은 여행을 멈추고 맑은 물가에 텐트를 치고 하룻밤을 쉬어간다.

그 밤에 달빛은 교교하고 나그네는 낮게 피리를 불며 밤새 그리운 노래들을 불러 보리라.

♪ 호주는 내 인생에 빌라봉이다
쉼 없이 가는 인생길에 꿈같이 오아시스를 만나
나는 이곳에서 맑은 생명수로 목을 축이고
새로운 삶을 위해 한층 심지를 돋우었다♪

"호주에서의 삶은?"

'백호주의로 알려진 호주에서 살면서 나는, 우리 아이들은 차별대우를 받지는 않을까?'

자녀들과 함께 오랫동안 호주에 살고 있는 필자에게 가장 많이 묻는 질문이다. 그러나 거의 차별 대우는 심각하지 않다. 다민족 국가인 탓에 중국인들이 많아 덕을 좀 보고 있는 셈이다. 월남, 말레이시아, 대만 등도 중국 범주에 들어 밀리지 않는다. 밀리는 것이 있다면 영어이다.

그렇다면 아시아계 중에서 한국 학생들의 위치는 어떨까? 단연 중국 학생들이 학업이 우수하다(인도 학생들도 공부를 잘 한다). 그러나 한국 학생들은 인물(?)이 좋다. 또 스포츠에 능하다. 거기다 옷을 멋있게 잘 입는다. 공부까지 잘 한다. 일본 학생들이 행세 못하는 곳이 있다면 호주가 아닐까?

많은 아시아계 학생들은 한국 학생들을 좋아한다. 그러자니 한국말을 조금씩은 알아야 한다.
"얘, 너 하나에서 스물까지 한국말로 해봐!"

한국 학생 하나가 곁에 있던 아이에게 한국말로 이야기하자,
"하나, 둘, 셋, 넷…."
중국 학생은 유창하게 한국말로 숫자를 세어간다. 그렇지 않으면 한국 학생들 모임에 낄 수 없다나?

–캠시에서 만난 학생들…

호주 사람들은 한국 음식을 좋아 할까?

좋아한다. 한국식당에 가보면 꼭 몇 팀은 호주인들이 와서 먹고 있게 마련이다. 팩 김치를 좋아하는 호주 사람, 중국 사람들이 꾸준히 늘고 있다. 식품점에서는 Tufu(두부)가 잘 팔린다. 새우깡과 양파링은 이미 오래 전부터 호주 슈퍼에서도 살 수 있는 품목이다. 야채만두, 잡채, 불고기, 갈비는 잘 알려진 음식이지만 고추장을 좋아하는 사람들도 꽤 있다. "내 아내 생일선물로 제일 매운 핫소스를 선물하고 싶은데 도와 달라"는 호주인 부탁을 받고 순창고추장과 생강차를 권해준바 있다. 호주에서는 지금, 멕시코 요리와 한국 요리 중 누가 누가 더 매운가 내기 중이다(노던 비치 명동 식품점에서). 한국 사람들은 언제나 바쁘다. 이곳 호주에서도 미국과 마찬가지로 세탁소, 식품점, 청소, 공장, 노동 등에 일들이 수입이 좋기 때문에 부지런히 일을 하면 여유있게 산다. 그러자니 일이 많아 쉴 틈이 없다.

학교는 계절마다 학기가 있어 4학기이고 따라서 방학도 4번이다. 방학은 넉넉한 시간을 가지고 부모와 함께 여행을 하면서 학습 이외에 경험을 체험할 수 있는 꼭 필요한 교육에 연장으로 보니까 방학이 끝나면 어린 학생들에게 방학 동안에 부모와 여행 다녀온 경험담을 서로 발표하는 시간이 있다. 부모가 바쁜 한국학생들은 손가락만 빨고 있게 마련인데 한 한국 아이가 과감하게 손을 든다.

"한국에 다녀왔거든. 이상한걸 보았어. 동물 창자에 쌀을 넣었고 피를 넣었대. 길에 놓고 파는데. 이만큼~~ 커서(손을 벌리며) 둥글게 말아 놓았고 새까맣게 칠해놓았는데 사람들이 칼로 막~ 썰어서 쿡쿡 찍어 먹었어."

"으윽~", "이약", "야키"

아이들이 막 헛구역질을 하는데 세영이가 가만히 들어보니 '순대' 더라나! 그 아이는 입양아 미아였는데 세영이를 미워해서(같은 한국 아이라는 이유로) 힐끔힐끔 세영이를 쳐다보면서 약을 올리는 중 세영이 왈,

"췟~ 미아가 구경만 하지 말고 꼭 먹어봤어야 했는데…. 얌!"(입양아들은 입양을 할 때 몇 년에 한번씩 한국에 데리고 가서 모국을 보여줘야 하는 의무조항이 있음)

– 발골라 하이츠 프라메리 스쿨에서

공원에서 쌍둥이 한국 아기엄마를 만났다. 5~6 개월쯤 되어 보이는 튼실한 두 사내아기들이 유모차에서 방실방실 웃는다. 너무 귀여워 한참 들여다보다가 물어보았다.

누가 형이어요?

아기엄마: 이 녀석이 늦게 태어나서 형이래요(놀래서).

아니. 늦게 태어났다며 형이어요?

아기엄마: 그렇대요. 여기는요. 먼저 뱃속에서 생겼기에 늦게 나오는 거래요.

설마!

아기엄마: 아줌마! 믿겨지지 않으면 두 사람이 한번 좁은 동굴에 차례로 들어갔다 나와 보실래요? 누가 먼저 나오나?

극적~

– 공원에서 만난 아기 엄마와 –

오래 전에 한국 자개상을 수입한 수입업자가 큰 돈을 벌었단다.

"비결이 뭐였나?"

"영업을 잘한 탓이지."

"어떻게 했길래?"

"자! 이 밥상으로 말할 것 같으면 적도를 넘어서 오느라(사실이다) 한번 흐물흐물 했었지 뭡니까, 자! 할 수 없이 싸게 팝니다."

했더니 너도 나도 사더란다. 적도를 넘어서 잘 살고 있던 어느 날, 할머니 한 분이 호주에 놀러 오셨다가 밤하늘을 보고 소리치신다.

"에그머니나! 저 초생달이 어떻게 된 거여?"

오른쪽을 보고 기울어져 있어야 할 초생달이 왼쪽을 보고 기울어져 있으니 놀랠 수밖에,

"할머니! 저 달도 적도를 넘어왔대요~."

- 어느 날 밤하늘을 보고 -

"이 집은 방 세 개짜리 정북향 집, 막다른 골목 집입니다. 절대 놓치지 마십시오."

정말 안 좋은 조건이네요! 그럴까요? 천만에! 최상의 조건이군요. 호주는 한국과는 거의 모두 반대이다. 북향과 서향이 볕이 들고 남향과 동향은 음지이다. 차가 많아 막다른 골목이 조용하고 운치 있다고 비싸다. 자동차의 운전대도 반대 위치이고 물론 계절도 정반대….

-복덕방 광고를 보고-

시드니 역시 시내에서 가까울수록 집값은 비싸고 교외로 나가면 조금씩 싸진다.

한적한 교외에서 한국 학생들이 없는 초등학교를 다닌 우리 아들처음으로 하이스쿨 중학교 1학년에 입학하여 찡하게 한국 친구들을 사귀었는데 어느 날 아들이 의기양양한 표정으로 집에 돌아와서 하는 말.

"엄마! 나 30놈 할래~!"

엄마: ?

전혀 엄마가 말을 못 알아듣자 답답한 듯이 말한다.

"어휴, 엄마는! 어떤 애는 10놈 하고 어떤 애는 18놈 하잖아. 나는 엄마! 30놈 할래!"

- 아들과의 답답한 대화중에서-

일본 여자들이 특히 외국남자들을 좋아한다는 것은 이미 널리 알려져 있지만 호주까지 와서도 똑 같은 모양이다.

한국에서 유학 온 남학생들이 입을 모아 말한다.

"일본 여자들은 쉬워요~"

"그렇지만 왜 하필 일본 여자를?"

"정복자가 되기 위해서죠!"

"???"

"침대에 들어갈 때 마다 <대한민국 만세>를 세 번 부를 수 있거든요."

- 다링 하버에서 만난 알바생 -

한국 학생들이 많이 다니는 시드니 대학캠퍼스에는 교사 근처에 구름다리가 하나 있다. 우리 학생들은 의리가 있어 뭉쳐 다니기로 유명한데 아침부터 교문에 들어서는 순간부터 누구든 마주치면 인사가 길어지고 이야기는 시작된다. 아예, 적당한 곳에서 기다리고 있다가 만나기도 하는데 친구, 선배. 후배. 고향동지. 동창생, 각자 어제 하루 동안에 일어났던 이야기들만 늘어놓는다 해도 이야기는 끝이 없다. 그러다 보니 수업시간에 들어갈 도리가 없단다.

"휴 ~ 저 다리만 건너면 하루는 성공인데, 저 구름다리를 건너기가 쉽지 않네요(한숨)"

- 대학교 구름다리를 원망하는 한국학생들 -